ちいさいなかま 保育を広げるシリーズ

園で人気の
手づくりおもちゃ

つくってあそぼ！

『ちいさいなかま』編集部
編
近藤理恵
絵

ちいさいなかま社

もくじ

各ページの材料欄には
使用する材料のほかに
必要な道具や工具を
★印をつけてのせています
はさみ、カッター、針、糸などの
基本的な道具は
載せていませんので
ご承知おきください

ゼロ・1歳児

2・3 歳児

4・5 歳児

ゼロ・1歳児

保育者や保護者がつくる
赤ちゃんのおもちゃのほか
1歳児が参加できる製作活動や
見せて楽しむ手づくりグッズなどを
紹介します

北海道

旭川のびろ保育園

にぎりひも

あお向けの時期の３～５か月の赤ちゃんの手に持たせてあげると、なめたり、じーっと見たり。手のにぎる力もつくので、持って振ったりもしています。鈴のところをなめたりするので、ロープに通しておくなど、しっかりつけることがポイントです。

材料

ロープひも
（110cm くらい）
鈴

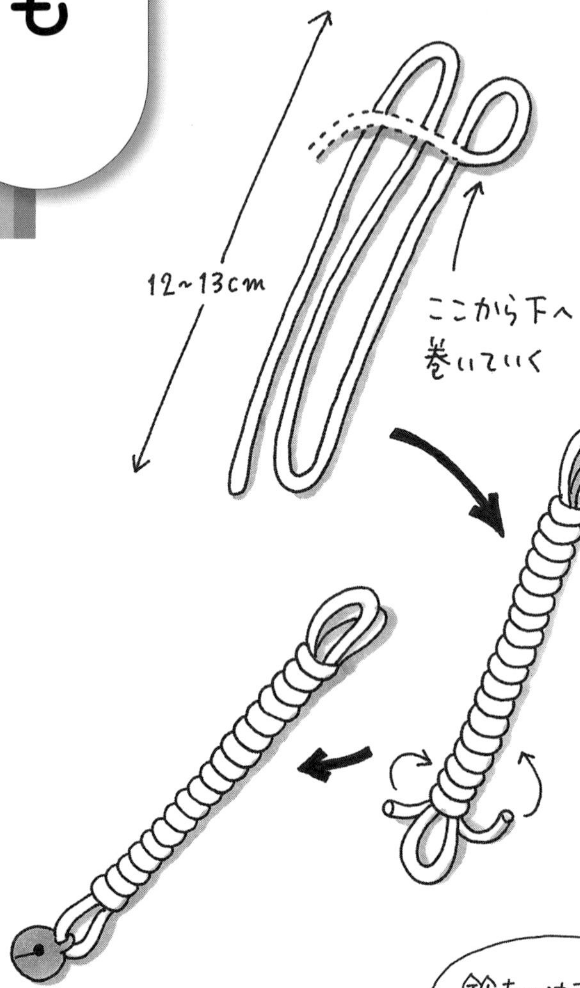

12～13cm
ここから下へ
巻いていく

❶ ロープひもを2～3重にする

❷ 上端から下へぐるぐる巻きつけていく

❸ 最初と最後は巻いたところに押しこめる

ロープの色を赤や青、黄色などにしても喜んでくれます

鈴をつけると音が出て楽しいよ！

鈴はロープに通すなどしっかりつけておくことが大切！

パスタケースの棒落とし

あかね保育園

100円ショップで見つけたパスタケースは、ちょうどいい穴があいていて、棒落としにぴったりです。それまではしょうゆのペットボトルで作っていましたが、パスタケースのほうが大きな音がするので好評でした。

材料

- パスタケース
- 工作用の木の棒
  （またはカラーホース）
- 柄もののテープ
- ★のこぎり
- ★紙やすり

❶ 木の棒をのこぎりで6cmくらいの長さに切る

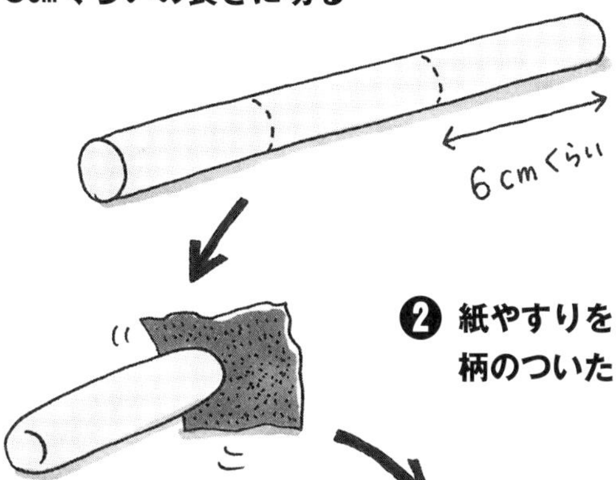
6cmくらい

❷ 紙やすりをかけ柄のついたテープを貼る

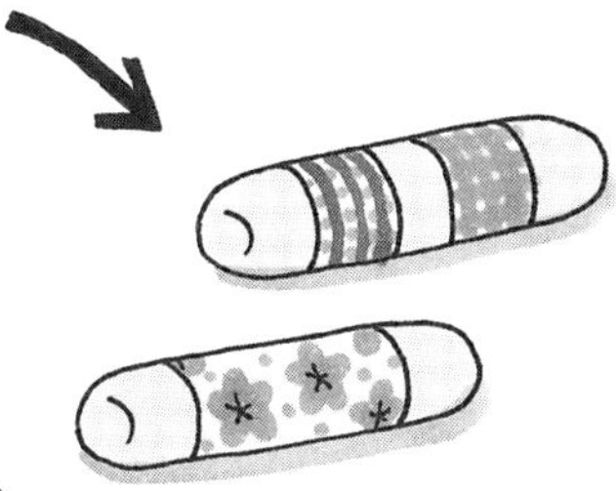

木の棒のかわりに
カラーホースを5cmくらいに
切ったものでも!
ひも通しにも
できるよ!

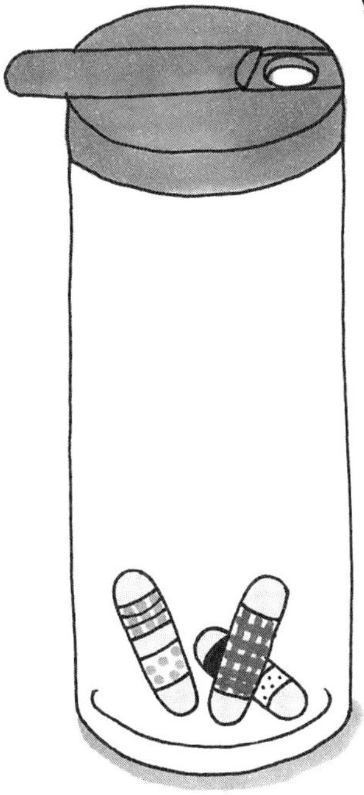

神奈川

鳩の森愛の詩あすなろ保育園

ミルク缶のポットン落とし

ミルク缶にゴムを通した布をかぶせ、ポットン落としを作ります。１歳前後の子どもたちが、中にポットンと入れることや、そのときの音を楽しんでいます。中からものを取り出すのも好きです。

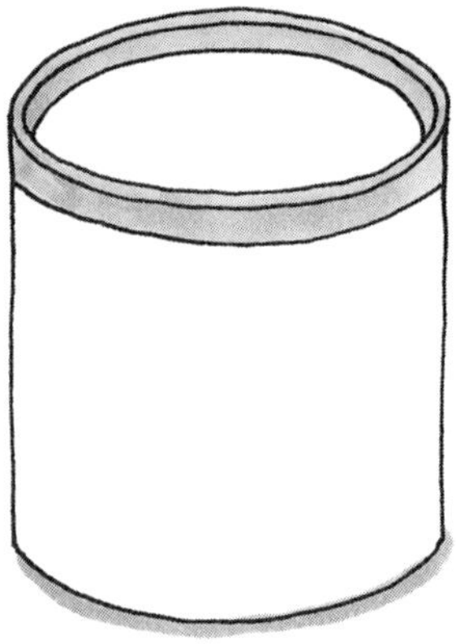

❶ ミルク缶の口にあぶなくないように布ガムテープを貼る

❷ 缶の大きさに合わせて布を切る

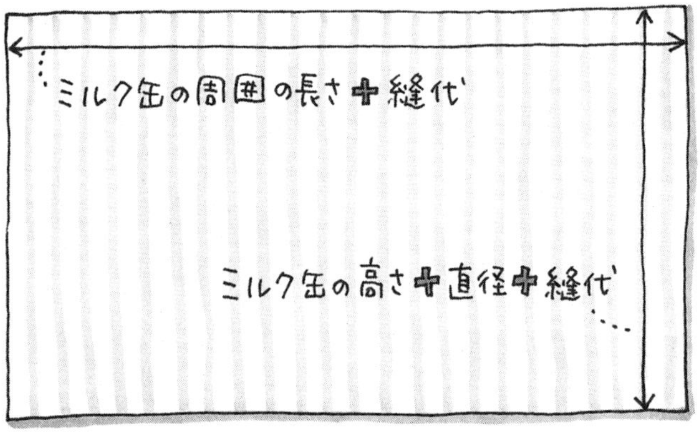
ミルク缶の周囲の長さ＋縫代
ミルク缶の高さ＋直径＋縫代

❸ ❷に布を裏返して輪にし、図のように縫う

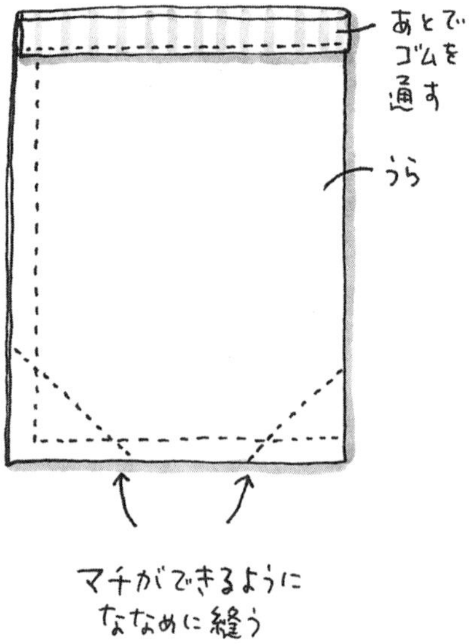
あとでゴムを通す
うら
マチができるようになめに縫う

布が厚すぎると安定しないのでキルティングではなくふつうの布で作ります

❹ ❸を表に返し口に平ゴムを通す

材料

- ミルク缶
- 布ガムテープ
- 布
- 平ゴム

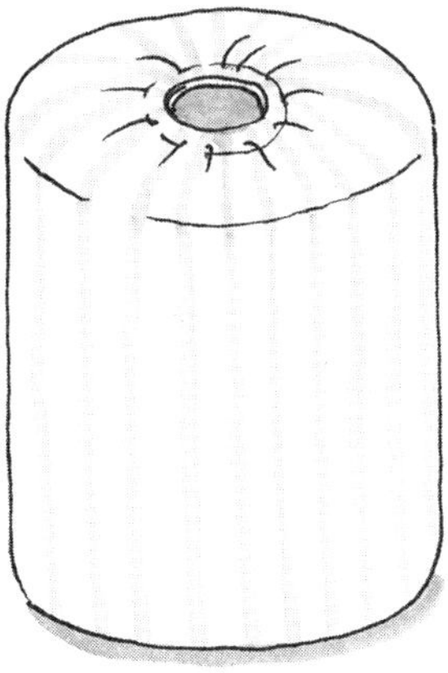

❺ ❹を缶にかぶせ 入れるものの 大きさに合わせてゴム を調節する

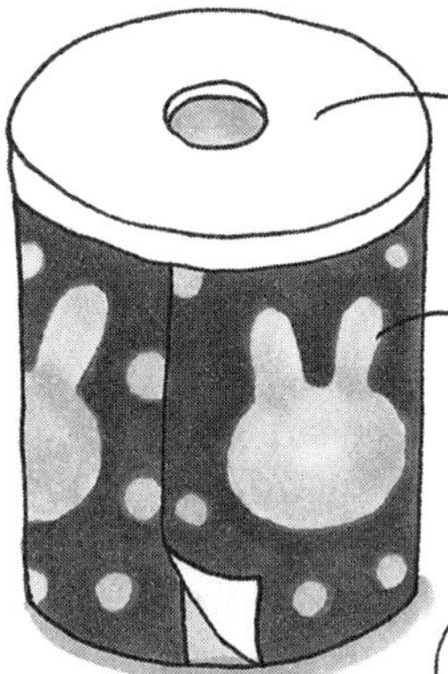
フタにカッターで
穴をあける
缶のまわりに紙を貼って
絵を描いたり、
色紙を貼ったり…

もっとかんたんにも
できます！

中に落とすもの

貝のおもちゃ ※10ページ

フィルムケース

※カメラ屋さんから
もらってきたりします
2つつなげても

シール
ビニールテープ
ビーズや鈴

チェーン

※止め具なし
でもOKです

わりばし

ペットボトルのふた

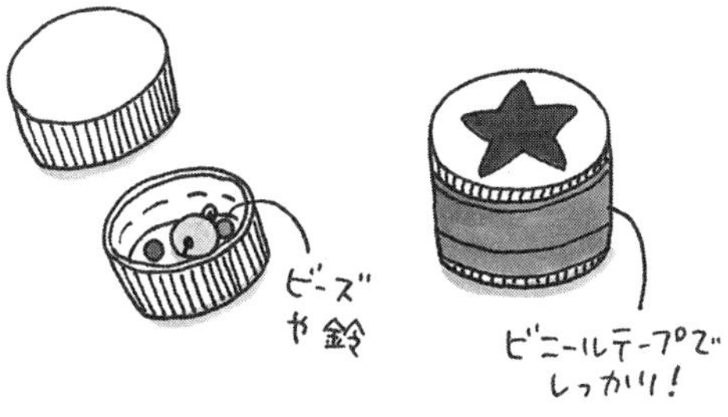
ビーズや鈴
ビニールテープでしっかり！

東京

労働者クラブ保育園

貝のおもちゃ

はまぐりのおもちゃは、ゼロ歳児クラスの子どもたちの手にぴったりのサイズ。ポットン落としに入れたり、大事そうに持ち歩いたり、振って音を楽しんでいました。ときどき、「味見」をしてみたりも。

材料

はまぐりのから
布
鈴(または小石)
ひも

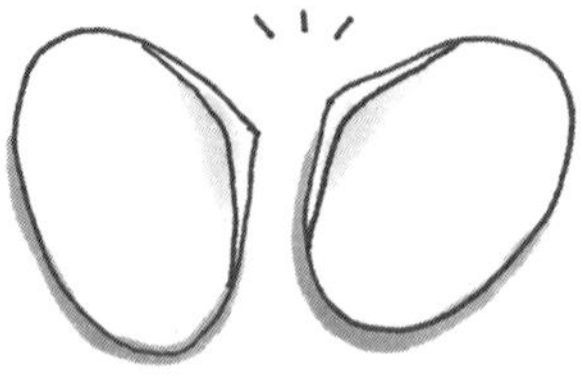

❶ 貝を2つに分ける

❷ 1つずつ布にのせ、周囲をぐし縫いし糸を引っぱってしぼる

または、貝を布で包み
内側を適当に糸でとめます

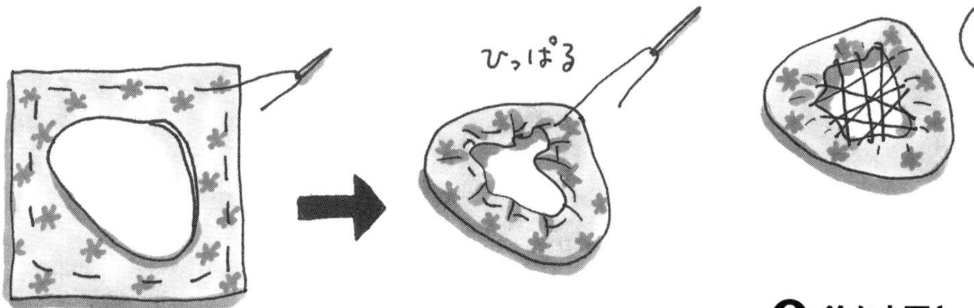
ひっぱる

❸ 鈴か小石と輪にしたひもを入れもう1つをかぶせる

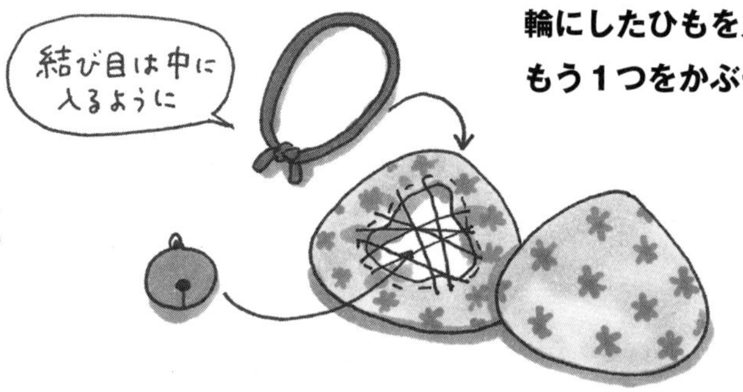
結び目は中に
入るように

❹ ❸を縫いあわせ玉止めは貝の間に入れる

口に入れる可能性が
あるので
ボンドは使いません

神奈川

鳩の森愛の詩あすなろ保育園

段ボールのポットン落とし

自分で入れたボールが、すぐにコロコロ一と出てくるのがおもしろい！　１歳を過ぎると、ボールが出てくることをおぼえ、穴からのぞいている子や、ボールを入れる子など、楽しみ方もそれぞれになります。

以前作っていたポットン落としよりも、穴の数を増やし、出口も大きくしたので、一度に楽しめる人数が増えました。さらに穴の大きさに大小をつけ、ボールの大きさも２～３種類にすると、またおもしろくなりますね！

材料

- 段ボール
- ガムテープ
- 新聞紙
  （または和紙）
- ボンド
- 布
- ボール

❶ 箱の中に段ボール紙をななめに入れて斜面を作る

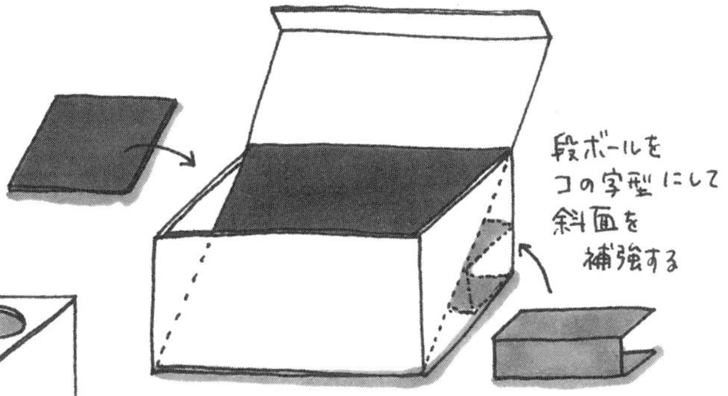

段ボールを
コの字型にして
斜面を
補強する

❷ ボールを落とす穴と、出口を切り抜く

❸ 新聞紙を水でうすめたボンドで表面に貼り補強する

新聞紙を適当な
大きさに切って
何回か重ねて
貼ってね

❹ しっかり乾かして強度を確認してから表面に布を貼る

ボールは
100円ショップで
ペコペコしない
カラーボールを
買いました

京都

朱一保育園

ひっぱれ ひっぱれ

ラップの芯に、いろいろな柄のハンカチをつなげたものなど、長い布を巻いておき、赤ちゃんが引っぱり出してあそびます。

歩きはじめたばかりの子どもたちに大好評でした。

❶ ラップの芯に巻きつける長い布を用意する

違う柄のハンカチを
8枚くらい ぬいつなげると
次々と違う柄がでてきて
楽しいです

❷ ラップの芯を入れる箱に包装紙や布を貼る

わかりにくくなるので
説明イラストは
無地にしてあります➡

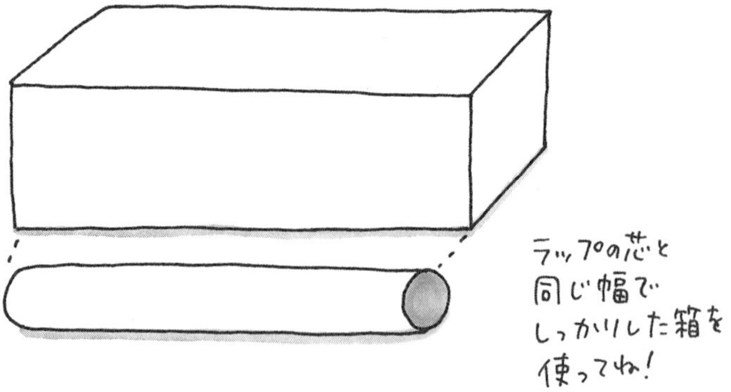
ラップの芯と
同じ幅で
しっかりした箱を
使ってね！

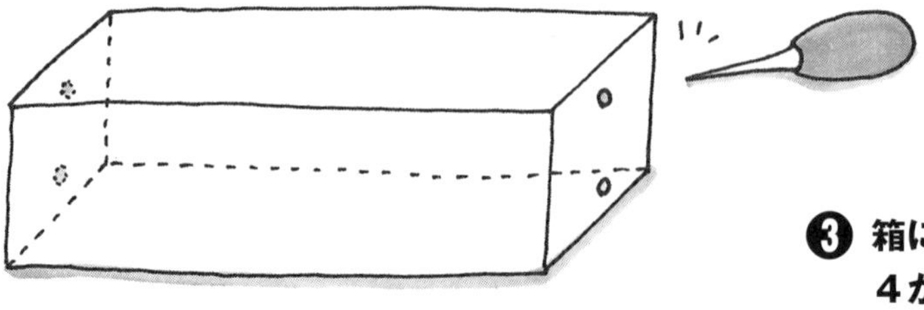

❸ 箱に、ロープを通す穴を4か所あける

材料

箱(ラップの芯と同じ横幅)
布(ラップの芯と同じ横幅×
2～3m)
(またはハンカチ8枚程度)
ラップの芯
包装紙(または布)
ロープひも
ボンド
★目打ち

**❹ 上の穴に
箱をぶら下げるロープを通す**

**❺ 下の穴にロープを通し
ラップの芯をぶら下げる**

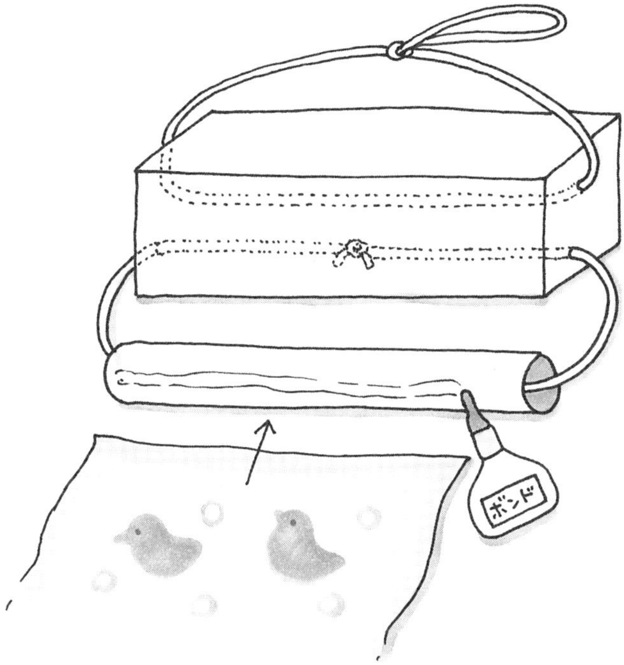

**❻ ラップの芯に
❶の布の端を
ボンドで貼り
巻きつける**

東京

子供の家保育園

いないいないばあ

ぞうの手とほっぺに、マジックテープがついています。子どもたちはぞうの手を引っぱって、「ばぁ～」としていました。

❶ 台紙にするキルティングの布を用意する

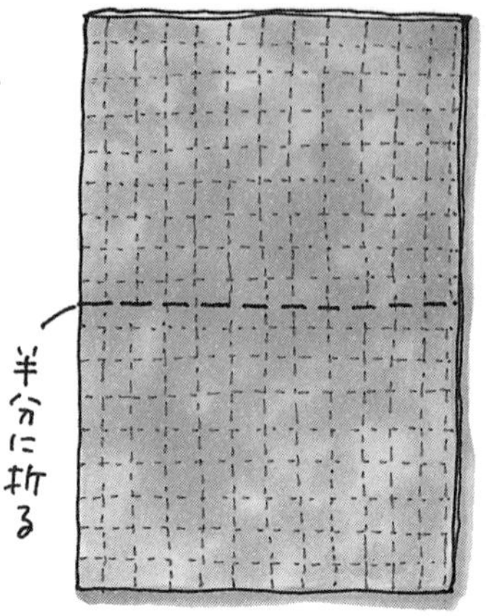
半分に折る

❷ フェルトで、ぞうの顔耳(2枚)、手(4枚)目(白2枚、黒2枚)を切る

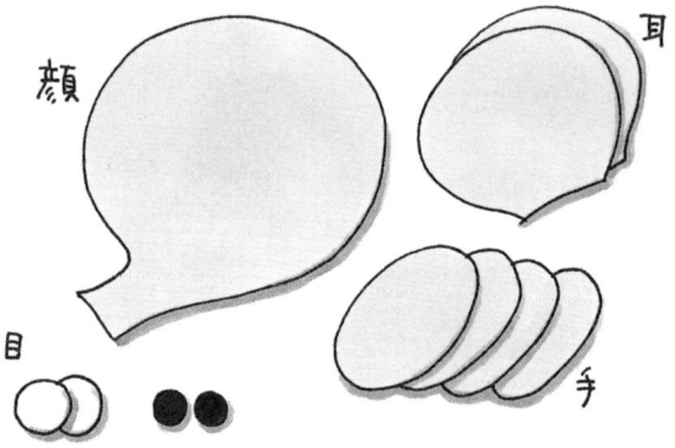
顔
耳
目
手

手はじょうぶにね!

❸ 手を2枚ずつ貼りあわせあとで台紙に縫いつける部分を残して、まわりをかがっておく

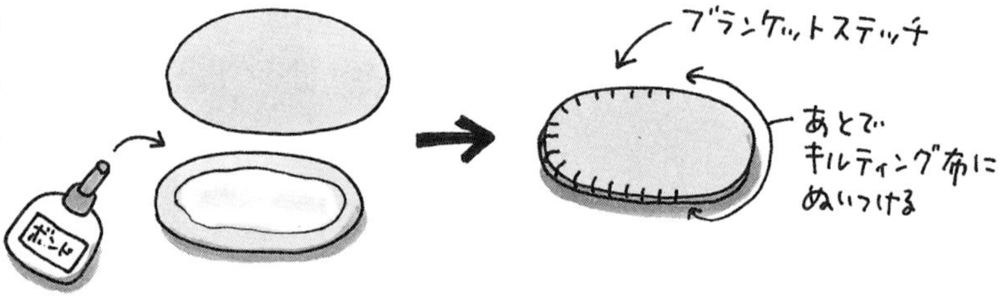
ボンド
ブランケットステッチ
あとで
キルティング布に
ぬいつける

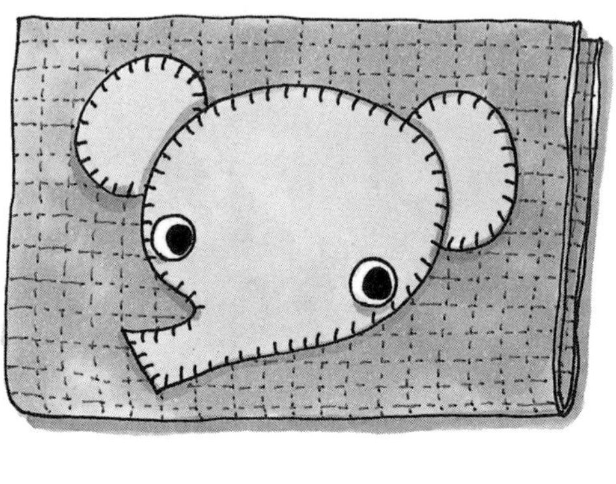

❹ ❶の布を二つ折りにし半面に、顔、耳、目を縫いつける

材料

厚紙
キルティングの布
フェルト
マジックテープ
バイアステープ
（太めの幅）

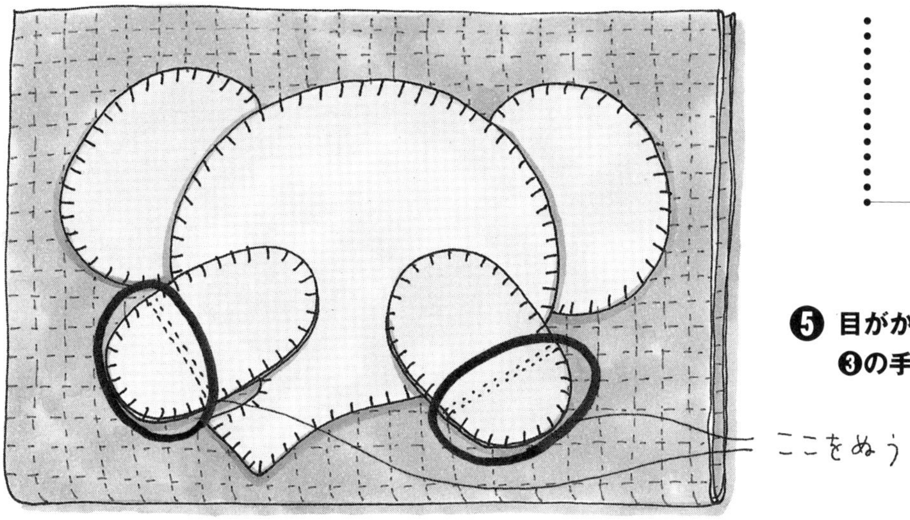

❺ 目がかくれる位置に
❸の手を縫いつける

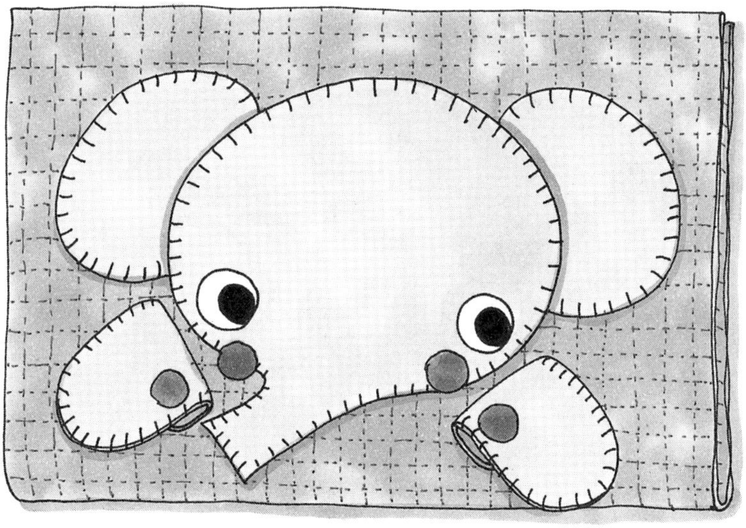

❻ ほっぺと手に
マジックテープを
つける

❼ ❻を中表にして
左右を袋状に縫う

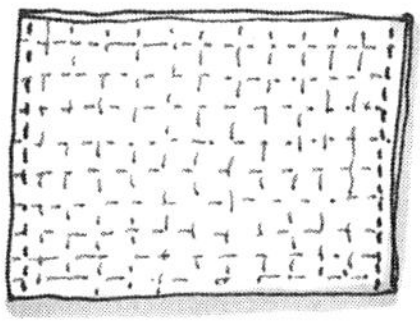

❽ ❼を表に返し、中に厚紙を入れて
上部をバイアステープでとじる

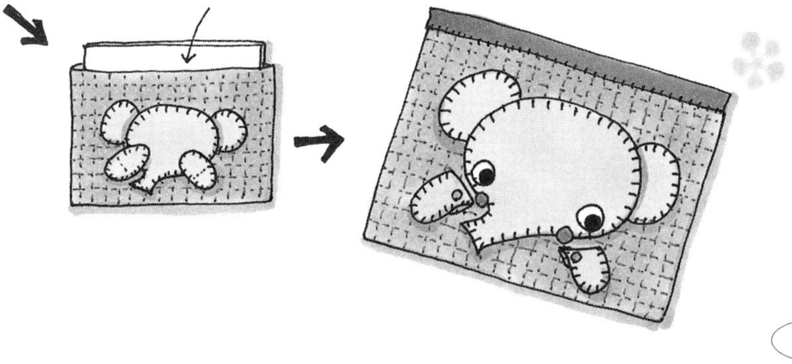

兵庫

ゆりかご保育園

ふにゃふにゃ人形

新品の便座カバーと髪ゴムで、超カンタン！　に作れる人形です。

中に綿をたくさん入れると、ふわ〜っとなります。

あひる

❶ Aの部分(17ページ)に綿を詰め、首のところを髪ゴムでしばる

❷ 頭の部分をぐし縫いし糸を引っぱってしぼる

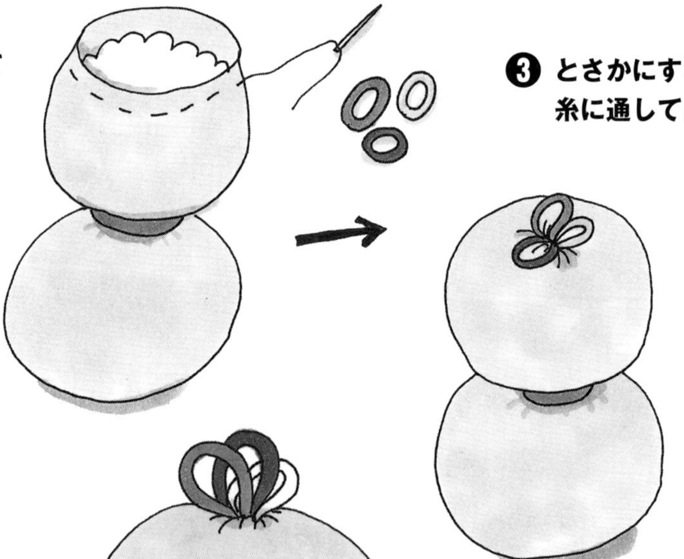

❸ とさかにする髪ゴムを糸に通してからとめる

❹ 目と羽を縫いつける

材料

新品の便座カバー
（U字型）
綿
髪ゴム
フェルト
ボタン

便座カバーを図のように切る

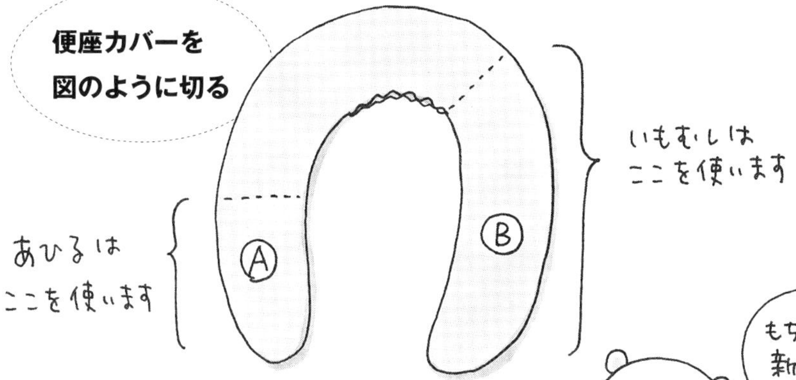
いもむしは
ここを使います
あひるは
ここを使います
A
B

もちろん
新品を
使います!

いもむし

❶ **Bに綿を詰め、何か所かを輪ゴムや髪ゴムでしばる**

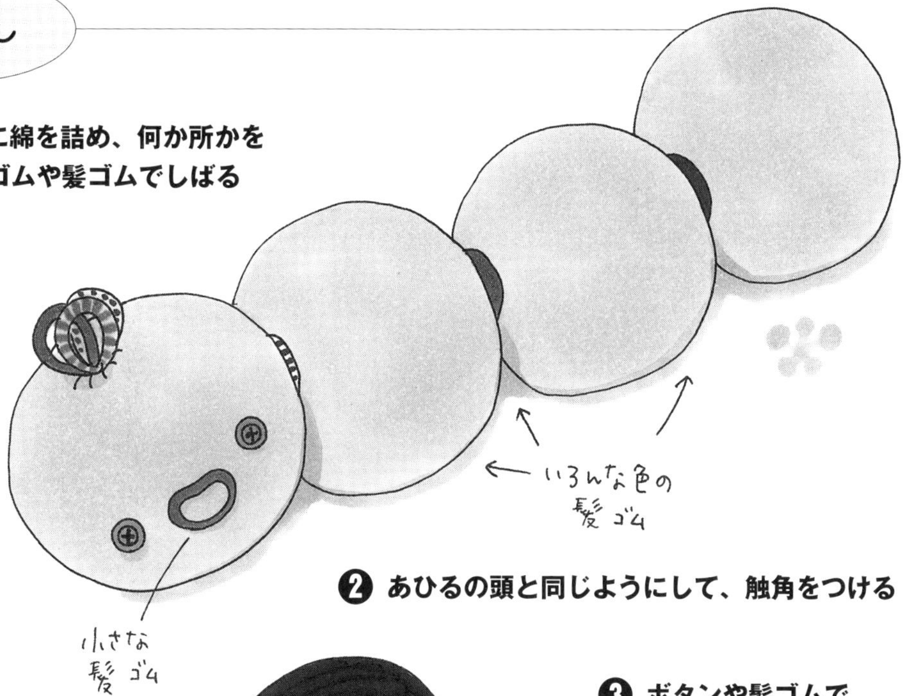
いろんな色の
髪ゴム
小さな
髪ゴム

❷ **あひるの頭と同じようにして、触角をつける**

❸ **ボタンや髪ゴムで目や口をつける**

兵庫

ゆりかご保育園

手づくり人形

かんたんにできるので、それぞれの保護者に作ってもらいましたが、なぜかその子に似て仕上がりました。ままごとのとき人形用のふとんに寝かせたり、おんぶして楽しくあそんでいます。お昼寝のときも、ふとんに入れていっしょに寝たりしています。

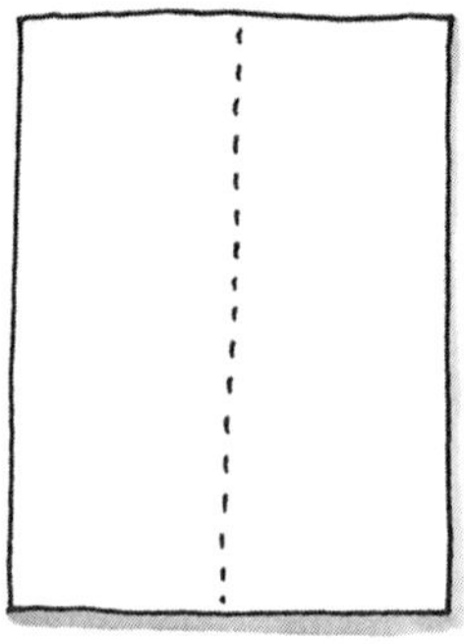

❶ B4サイズの布をたて半分に折る

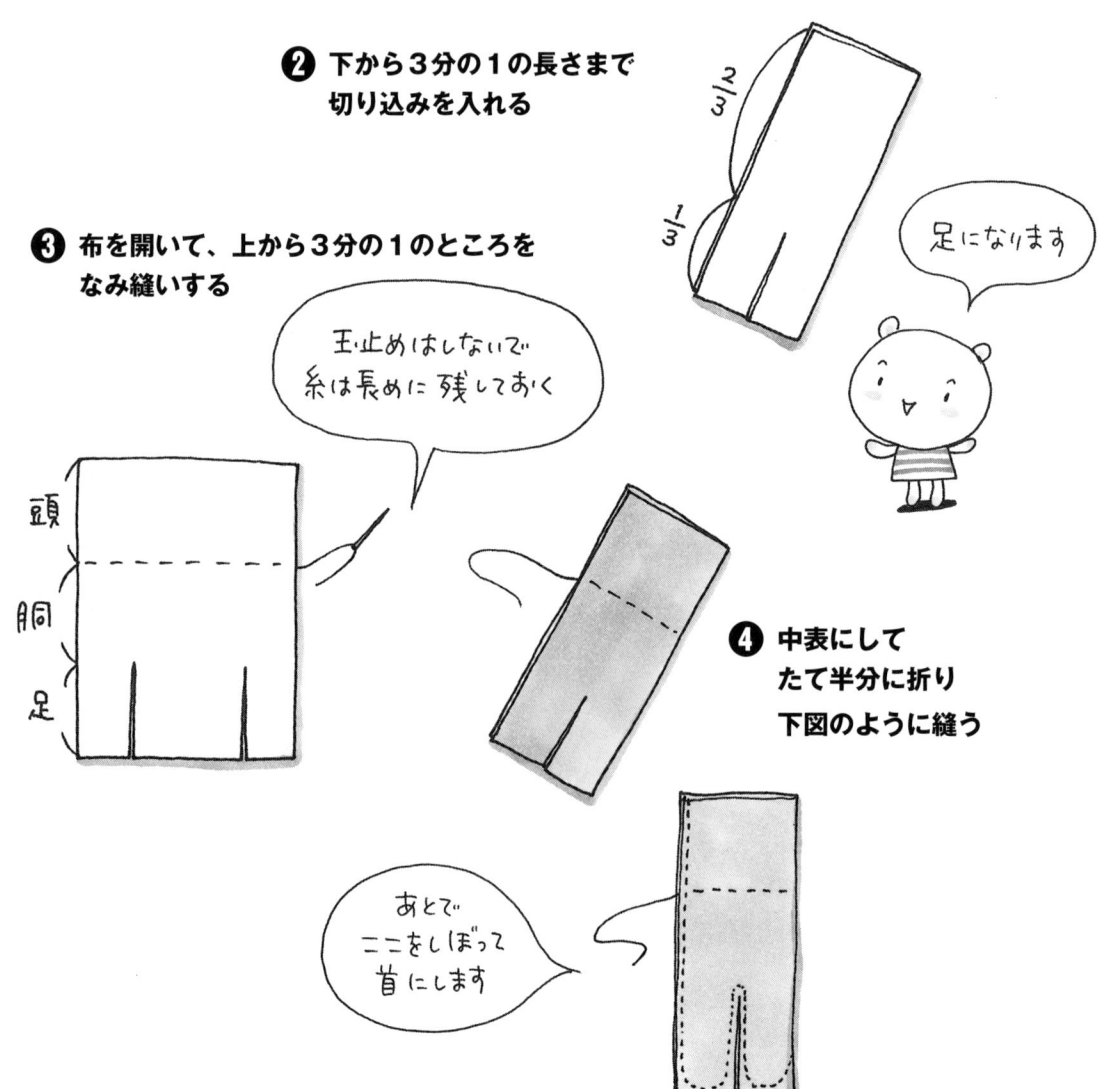

❷ 下から3分の1の長さまで切り込みを入れる

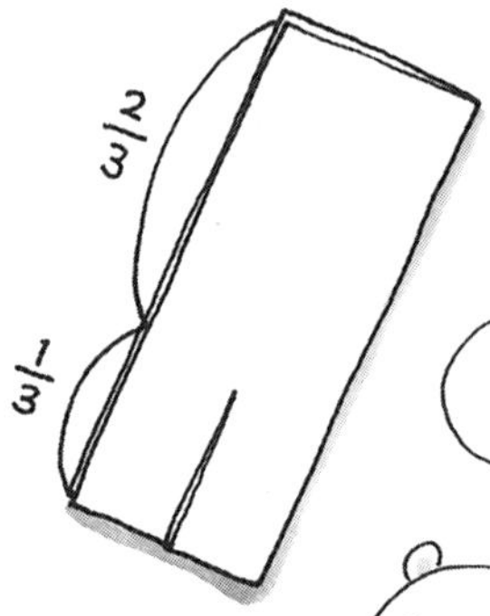

2/3
1/3

足になります

❸ 布を開いて、上から3分の1のところをなみ縫いする

玉止めはしないで
糸は長めに残しておく
頭
胴
足

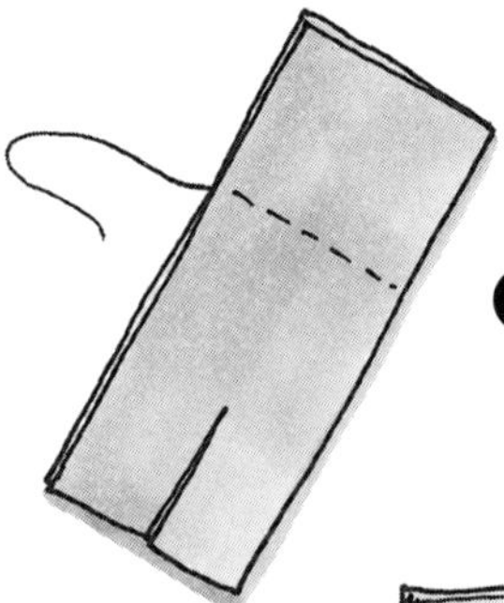

❹ 中表にしてたて半分に折り下図のように縫う

あとで
ここをしぼって
首にします

材料

布(B4サイズ＋手2本分)
綿
ボタン(またはししゅう糸)
毛糸

❺ ❹を表に返して全体に綿を入れる

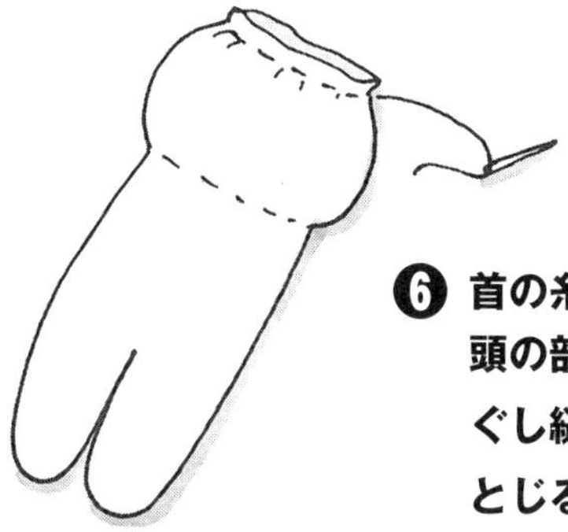

❻ 首の糸をしぼり頭の部分をぐし縫いしてとじる

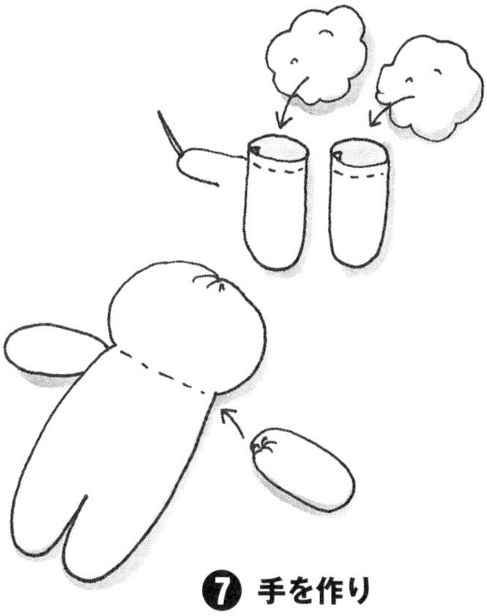

❼ 手を作り綿を入れて胴体に縫いつける

毛糸
ボタンや
ししゅう糸
かわいい洋服も
ぬってあげてくださいね

❽ 髪の毛、目を縫いつける

北海道

旭川のびろ保育園

ホースの輪

透明なホースを輪にして、中にビーズなどを入れます。いろいろな大きさのものを作って、浮き輪のように体に通したり、腕輪にしたりしてあそびました。

材料

透明なホース
ビーズなど
木の棒
（ホースにぴったり入る太さ）
ビニールテープ

❶ 透明なホースの中にビーズなどを入れる

透明だから
いろいろな色のビーズを
入れて楽しんでね!

❷ ホースを輪にして木の棒を入れ、両端をつなぐ

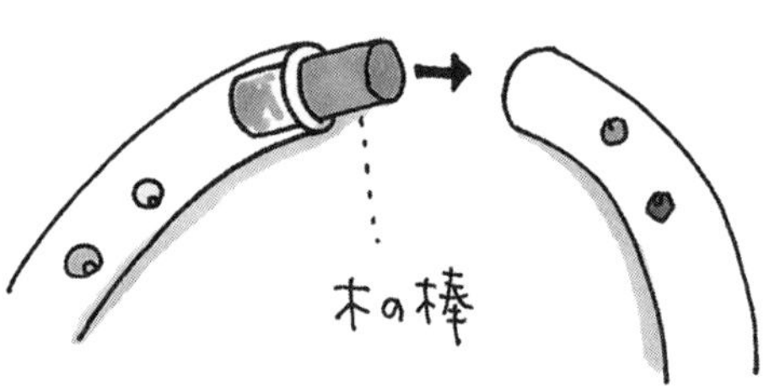

木の棒

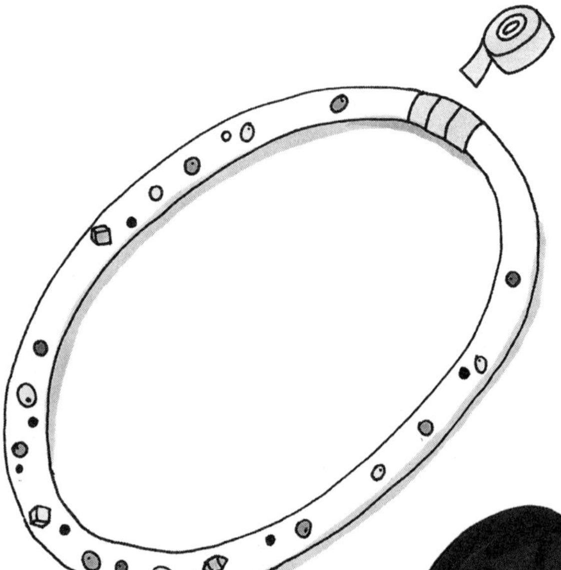

❸ ❷の上からビニールテープでとめる

山形

たんぽぽ保育園

買い物バッグ

保育園のおもちゃはみんなで使うもの。そんななかで「自分のもの」があることはうれしく、また、子どもにとっての「安心」になります。大好きなお父さん・お母さんが作ってくれたものなら、なおさら大切なものに。

このかんたんに作れる買い物バッグは、愛情たっぷりのうえ、それぞれの工夫がこらされていて、ままごとあそびに大活躍しました。

材料

- 洗たく用洗剤の箱
- 布(または紙)
- フェルト
- ボンド

❶ 洗剤の箱の内側と外側の全面に布か紙をボンドで貼る

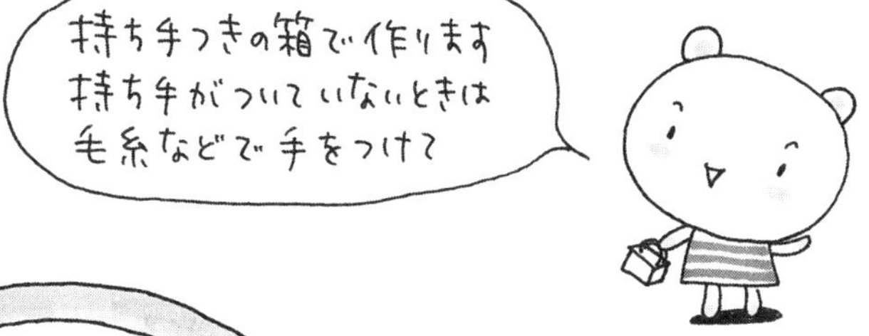
持ち手つきの箱で作ります
持ち手がついていないときは
毛糸などで手をつけて

❷ フェルトを切ったアップリケを貼る

包装紙か布
フェルトなど

栃木

ポッポ保育園

フェルトのたこ

ゼロ歳児用のたこです。ハイハイの子も歩いている子も、片手に持って、ひらひらするフェルトの感触を楽しんでいました。

材料

- フェルト(10㎝×7㎝)
- ペン
- 薄手の布
- ひも
- 包装紙の芯
- ビニールテープ
- ★穴あけパンチ

❶ 子どもがフェルトにペンで絵を描く

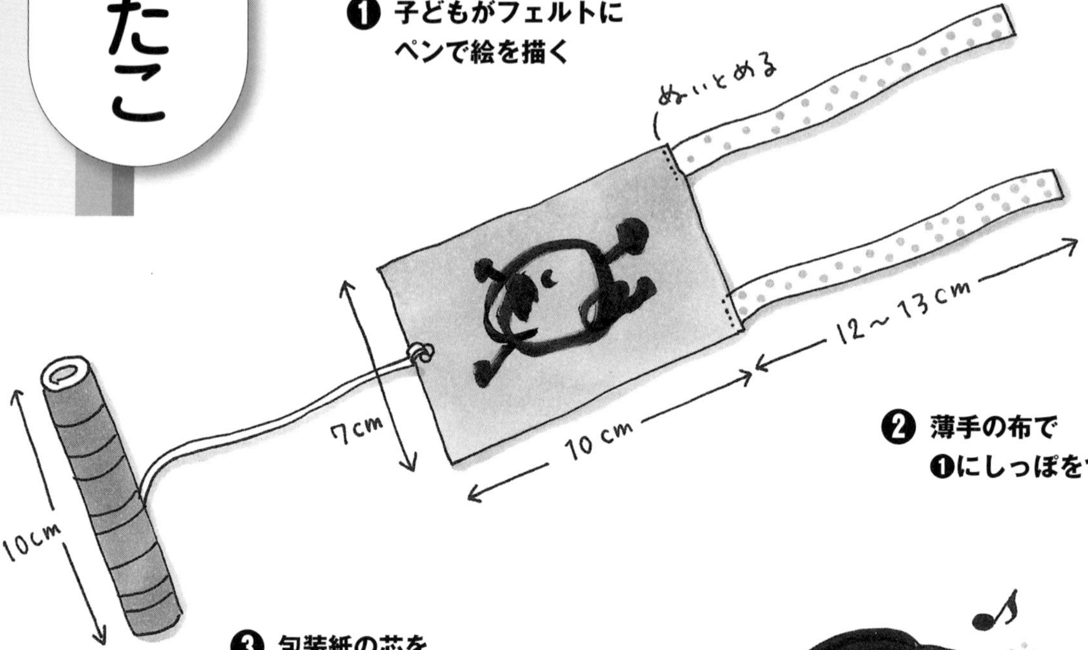
ぬいとめる
7cm
10cm
12～13cm
10cm

❷ 薄手の布で❶にしっぽをつける

❸ 包装紙の芯を10㎝くらいに切る

❹ ❸にひもを結びつけビニールテープで巻く

❺ ❶に穴をあけ❹のひもを結ぶ

栃木

ポッポ保育園

ふうりん

いろいろな形のペットボトルでふうりんを作り、吊りおもちゃのように楽しみました。

風に吹かれて鈴が鳴ったり、手形・足形が揺れるのをじーっと見つめたり、指さしをしたり、手をたたいてよろこんだりしていました。座位がとれない子も、腹ばいやあお向けで手を伸ばし、鈴を鳴らしていました。

材料

- 画用紙
- 絵の具・筆
- 透明テープ
- ペットボトル
- ビニールテープ
- たこ糸
- 鈴
- ★穴あけパンチ
- ★きり

❶ 筆で絵の具を子どもの手足に塗り画用紙に手形・足形をとって乾かす

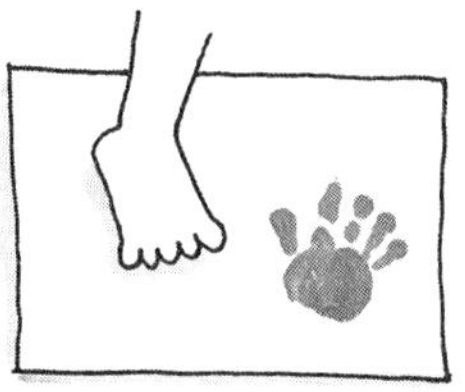

❷ 手形と足形の両面に透明テープを貼り、切り抜いてパンチで穴をあける

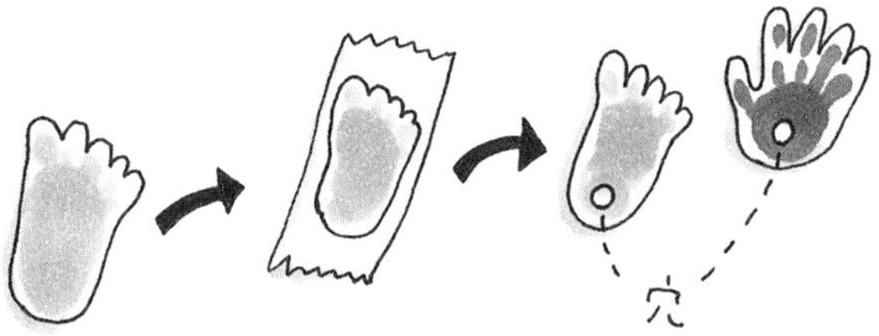
穴

❸ ペットボトルの上部を切る切り口に、あぶなくないようにビニールテープを貼る

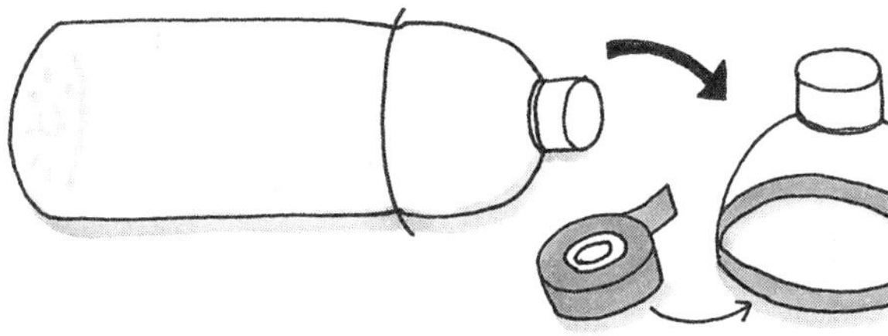

❹ キャップに穴をあけたこ糸を通し、❸をはめる

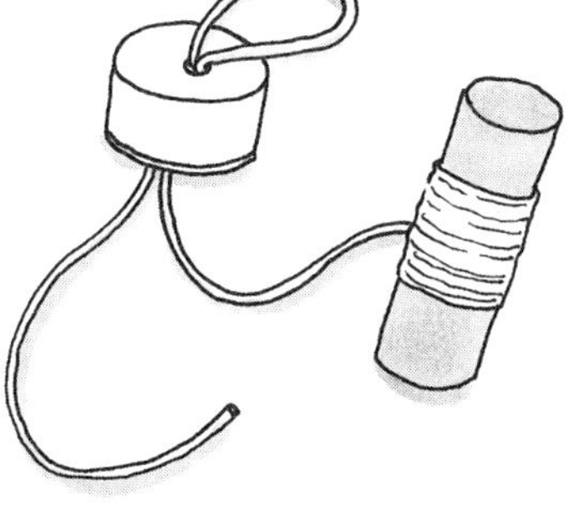

❺ ❷を❹に結びたこ糸をつけた鈴も結びつける

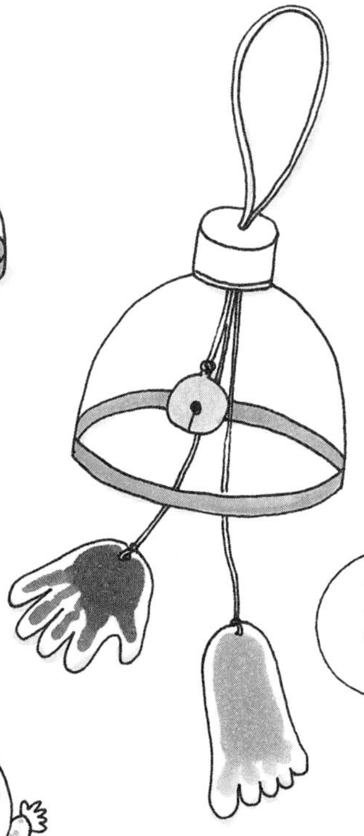

手形と足形の
高さをずらすのが
ポイント!

兵庫

ゆりかご保育園

りんりんだいこ

でんでんだいこのように揺らしたり、わらべうたなどに合わせて振ったり、いないいないばあをして楽しみました。保護者にも作ってもらい、さまざまなオリジナルのマイうちわもできました。

材料

うちわ
画用紙(または布)
ビニールテープ
鈴(2個)

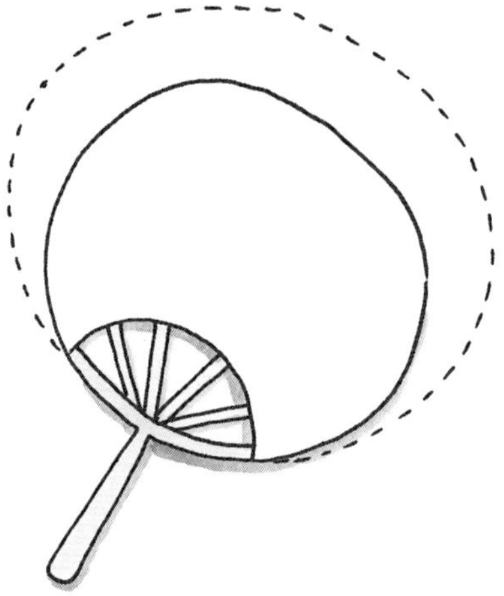

❶ **うちわは、大きすぎたら少しカットする**

❷ **うちわに合わせて画用紙を２枚切り両面に貼る**

❸ **絵を描く**

❹ **うちわの両端に針と糸で鈴をつける**

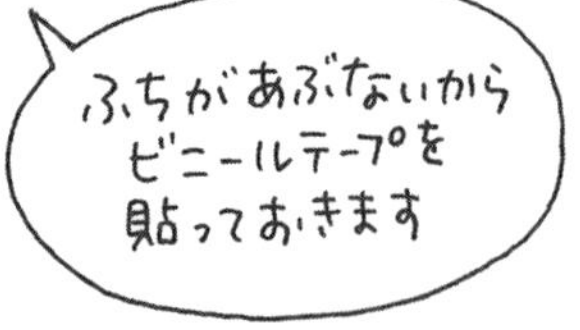
ふちがあぶないから
ビニールテープを
貼っておきます

布を貼りつけても
かわいいよ

兵庫

杉の子保育園

そら豆くんだいこ

でんでんだいこ風で、心地のいい音がします。クラス懇談会のとき、保護者といっしょに作ったりもしました。糸が取れないように、④のところを工夫しました。

材料

- 厚紙・色画用紙
- わりばし
- ビニールテープ
- 釣り糸
- ビーズ
- セロハンテープ
- ホッチキス
- のり
- ペン
- ★目打ち

❶ 厚紙と色画用紙を、2枚ずつそら豆の形に切る

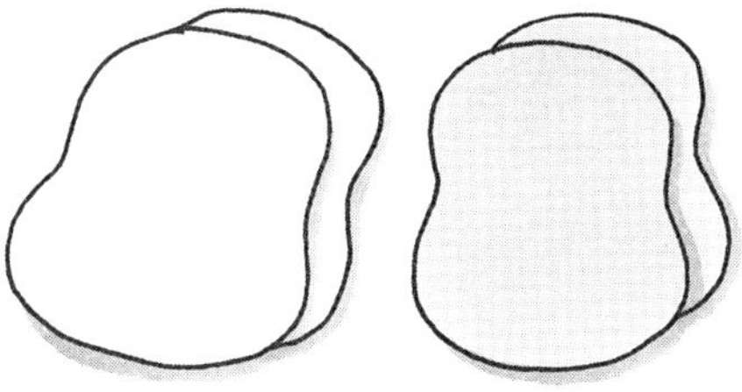

❷ 厚紙の1枚に穴を2か所あけビーズをつけた釣り糸を通す

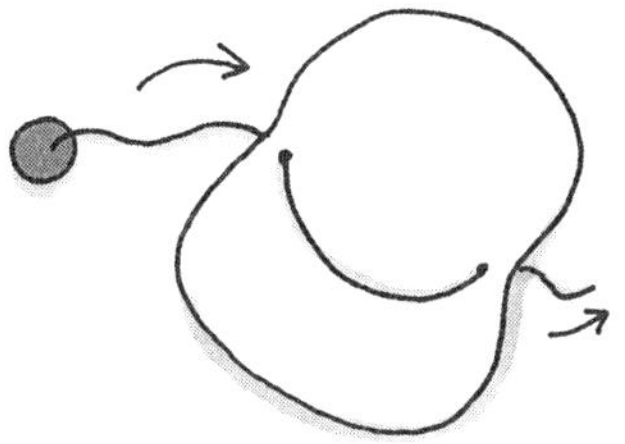

❸ わりばしにビニールテープを巻き❷にセロハンテープでとめる

半分くらいまででOK

❹ 糸を図のように固定しもう一方の端にもビーズをつける

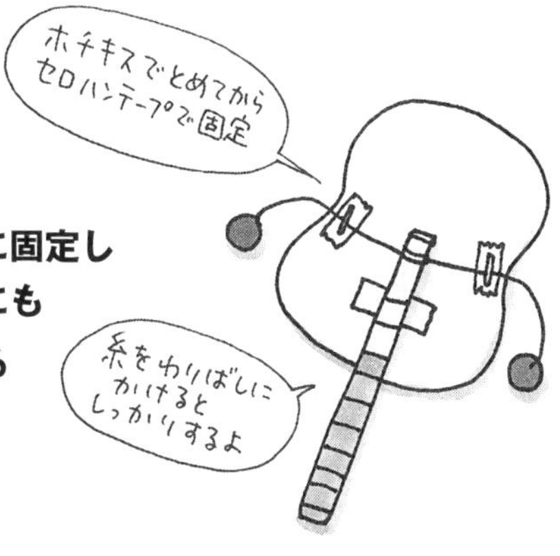
ホチキスでとめてからセロハンテープで固定
糸をわりばしにかけるとしっかりするよ

❺ もう1枚の厚紙をホッチキスでとめる

『えんどう豆、そら豆』の歌に合わせて振って遊びます。

❻ 両面に色画用紙をのりで貼り顔を描く

裏は泣き顔やおこった顔にしてもいいよ

京都

朱一保育園

動物かべかけ

おさんぽの途中でひろったどんぐりや松ぼっくり、小枝などを貼って、動物の顔を作ります。

材料

- 厚紙(白)
- 色画用紙
- ひも
- のり
- 木の実・枝・葉など
- ボンド
- ★穴あけパンチ

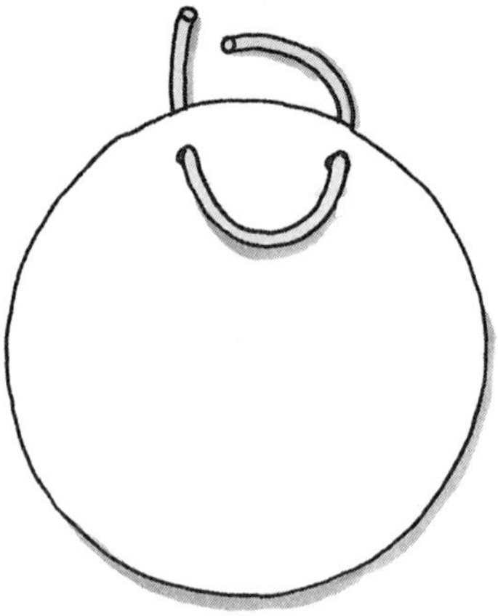

❶ 白い厚紙を丸く切り穴をあけて吊りひもを通す

❷ 色画用紙を動物の顔の形に切る

❸ ❶に❷をのりで貼る

❹ ❸に、小枝や木の実葉などをボンドで貼る

三重

ひよこ保育園

写真フレーム

1歳児クラスの子どもたちが、さんぽ先から大事に持ち帰ってきた、木の実やきれいな葉を使って、写真フレームを作りました。

木の実や葉っぱを貼るときは、人差し指と親指を使ってじょうずにつまむ子もいれば、手のひらでつかむ子もいて、手指の発達がよくわかりました。きれいに仕上がり、保護者にもほめてもらって自信満々の表情でした。

材料

色画用紙
麻ひも
段ボール
ボンド
はけ
木の実・枝・葉など

❶ 色画用紙に麻ひもを通す

❷ 段ボールを画用紙よりちいさく切り、周囲にはけでボンドを塗る

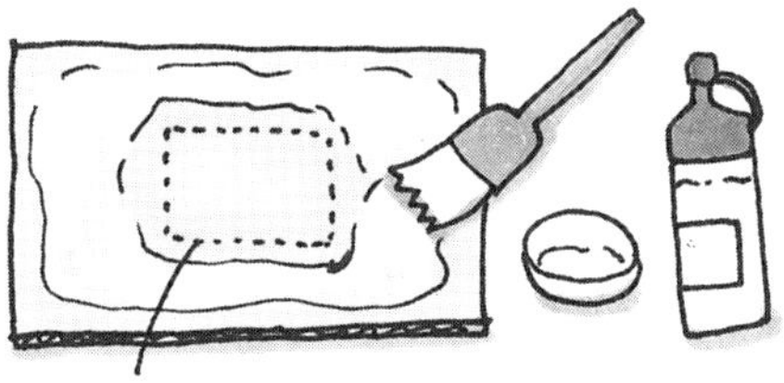
あとで写真を貼るスペース

❸ 木の実や葉などを貼る

❹ ボンドが乾いたらまん中に写真を貼る

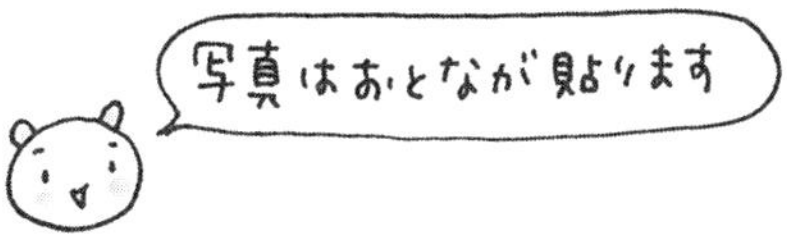
写真はおとなが貼ります

❺ ❹を❶に貼る

神奈川

鳩の森愛の詩あすなろ保育園

紙絵皿

絵が動いて変化するので、１歳前の赤ちゃんから３歳くらいの子まで、じ〜っと集中して見ています。

食べるものの絵は、プリンやケーキのほかに、すっぱいレモンなども。かんたんに作れるので、地域交流のときに「おうちや子育てサークルでも作ってみてね」と紹介しています。

❶ 紙皿に絵を描く

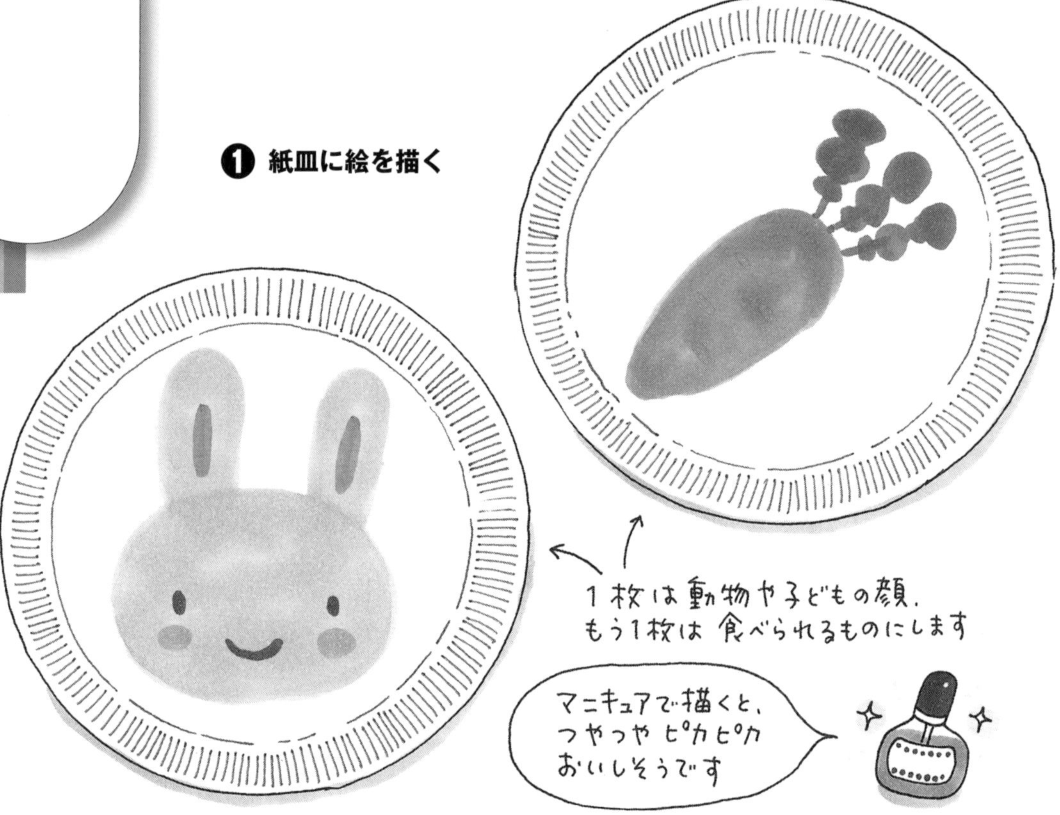

１枚は動物や子どもの顔.
もう１枚は食べられるものにします
マニキュアで描くと、
つやつやピカピカ
おいしそうです

とんでったバナナ のメロディーで

♪にんじんが１本ありました

（うさぎの絵はうしろに重ねておく）

♪そこへうさぎがやってきて

（にんじんをうしろにする）

♪パクッ！

（うさぎをうしろにして
もう一度にんじんを前に）

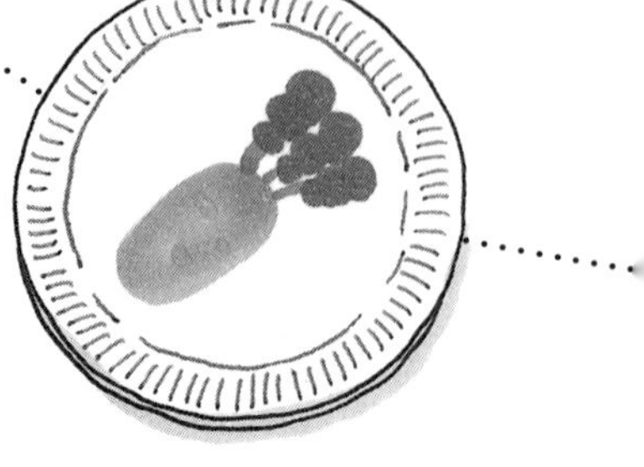

材料

紙皿（2枚）
色ペン
マニキュア

❷ 両方の紙皿に中心まで切り込みを入れる

❸ 切り込み部分を重ねて回す

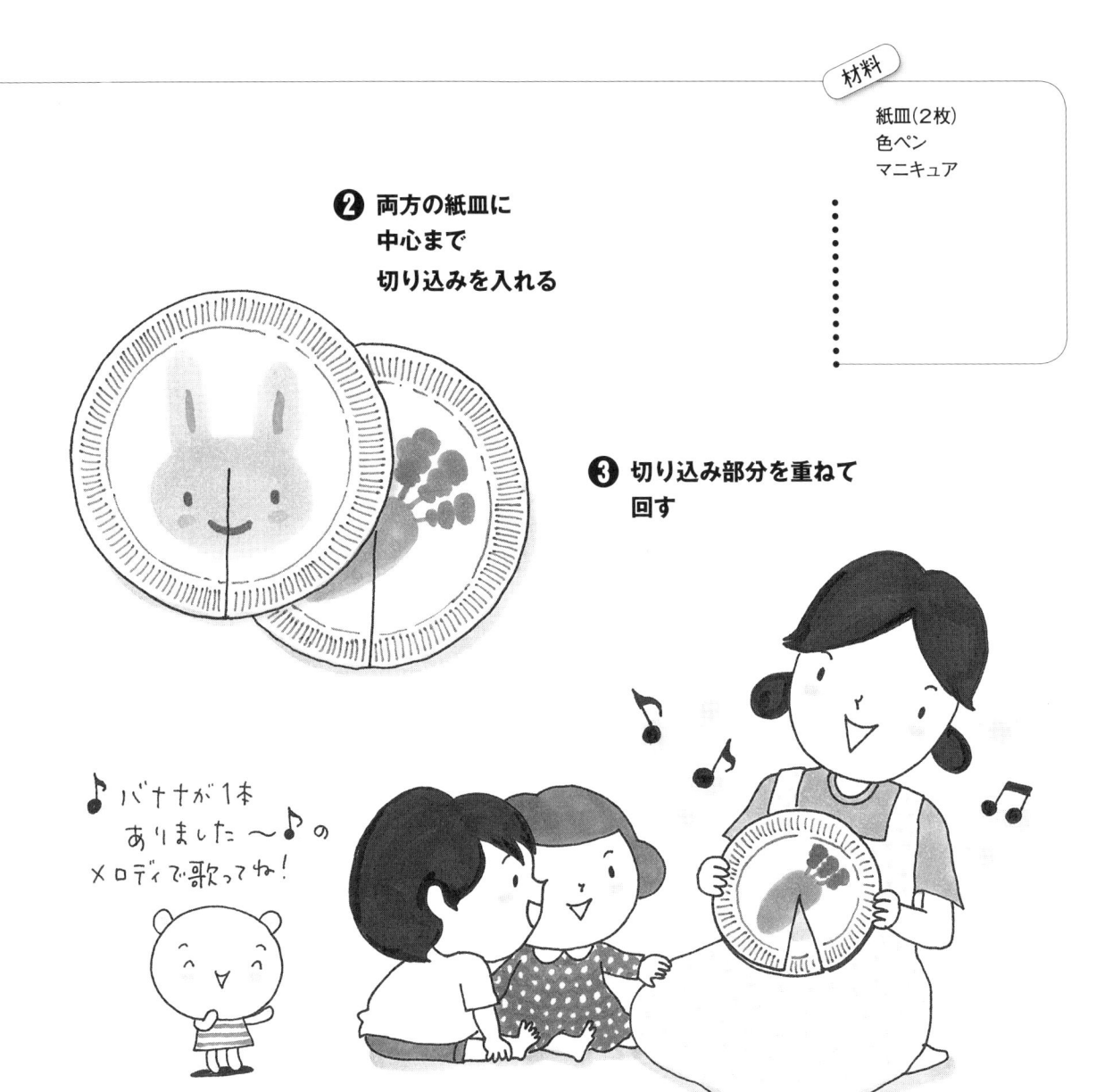

♪バナナが1本
ありました〜♪の
メロディで歌ってね！

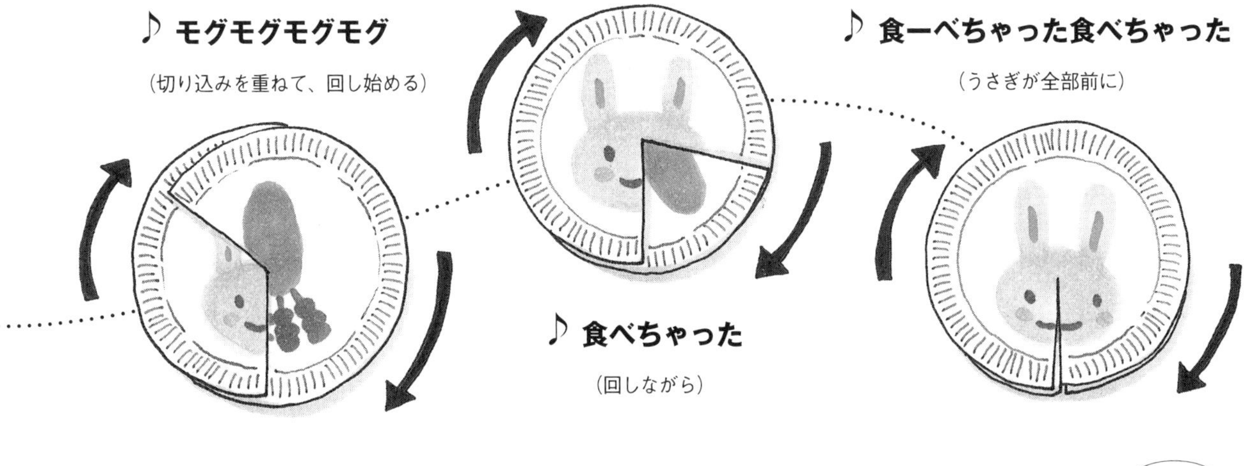

♪ モグモグモグモグ

（切り込みを重ねて、回し始める）

♪ 食べちゃった

（回しながら）

♪ 食ーべちゃった食べちゃった

（うさぎが全部前に）

神奈川

鳩の森愛の詩あすなろ保育園

ふうせんペープサート

「きいろいふうせん　そっとかぜにあげたら……きいろいちょうちょになった」などと、「ふうせん」（作・湯浅とんぼ、作曲・中川ひろたか、絵・森川百合香、アリス館『うたってあそぼ』２）のうたに合わせて、体を左右に揺らしながら楽しんでいます。「なった」のところでペープサートを裏返すと、風船と同じ色のものの絵が出てきます。

ゼロ歳児は、同じ色の風船から毎日同じ絵が出てくることで安心し、２歳児は毎日違う絵が出てくることで「次は何かな？」と楽しみに。クラスで楽しんでいる絵本や季節の動物、草花などが出てくることで、おさんぽ先でもあそびが広がっています。

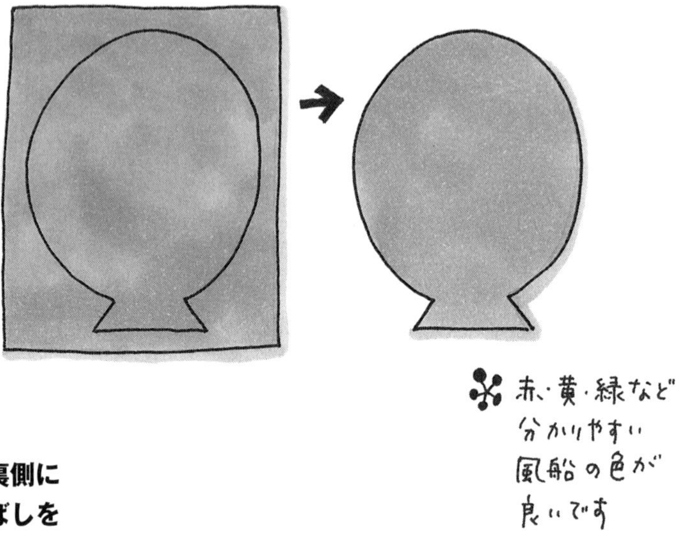
赤・黄・緑など
分かりやすい
風船の色が
良いです

❶ 厚紙に
色画用紙を貼り
風船の形に切る

ガムテープなどで
しっかりとれない
ようにね

❷ ❶の裏側に
わりばしを
貼る

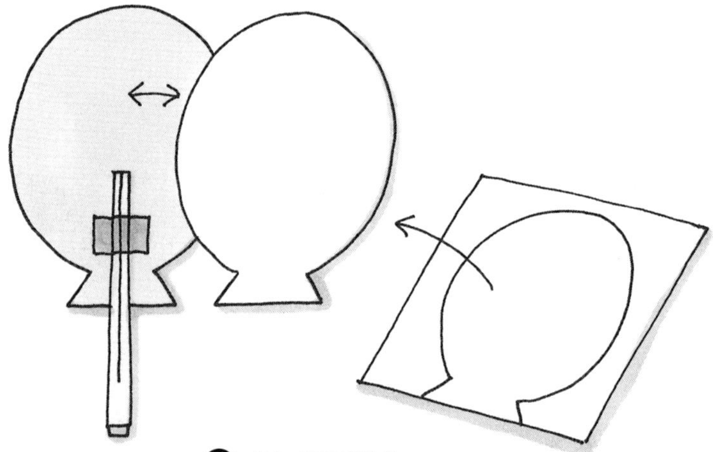

❸ 白い画用紙を
風船の形に切り
❷の上に貼る

材料

- 厚紙
- 色画用紙
  （赤・黄・緑など）
- 画用紙(白)
- わりばし
- ガムテープ
- クリアテープ
  （またはラミネート紙）
- セロハンテープ

コーティングすることで
いろいろな絵を
つけかえられます

❹ ❸の白い面を クリアテープなどで コーティングする

❺ 白い面に貼る 絵を作る

黄色

たとえば風船の色が
赤ならりんご、
だるまさんとかね

緑

赤ちゃんには
こんなふうに遊んで…
いない
いない…
ばあ

香川

こぶし今里保育園

ふしぎなたまご

ある日、大好きな絵本『たまごのあかちゃん』を読んだあと、1歳児ぱんだぐみにコロコロと卵が転がってきました。

保育者が「割ってみようか」とビリッと破ると「○○ちゃんも」と無我夢中でみんなで20分。中から生まれたのはかわいいこぶたちゃん。かわるがわるやさしく抱っこしました。

材料

- ぬいぐるみ・おもちゃなど
- 新聞紙（2日分ぐらい）
- のり

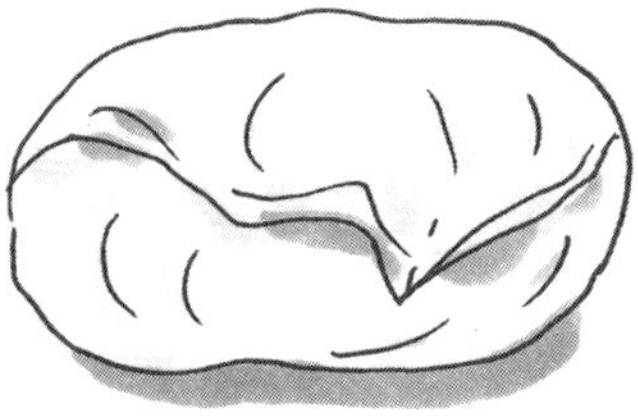

❶ ぬいぐるみなどを紙で包む

❷ 新聞紙をちぎり、❶にのりで重ねて貼っていく

おとなの手のひらサイズ
くらいね

❸ よく乾かす

大きなたまご!
出てくるのはだあれ?

コブタちゃんでした!!

香川

こぶし今里保育園

大きな大きなたまご

ある日、今度はものすごく大きな卵が１歳児のお部屋に。みんなで「たまごの赤ちゃん出ておいで〜」と呼ぶと、かえる（保育者）がピョンピョンと飛び出しました。すぐに子どもたちもまねしてピョンピョン。「次はなんの卵かな？」と言うと、みんないろんな動物の赤ちゃんになって飛び出してきます。

大きな段ボール箱がなければ、何枚かをつなげても大丈夫です。壁に立てかけたり、保育者が支えたりして、卵から出たり入ったりしてあそびます。

材料

大きい段ボール箱
不織布(白)
布ガムテープ(白)

❶ 段ボール箱を切り開き、２〜３枚重ね貼りして卵型を切り取る

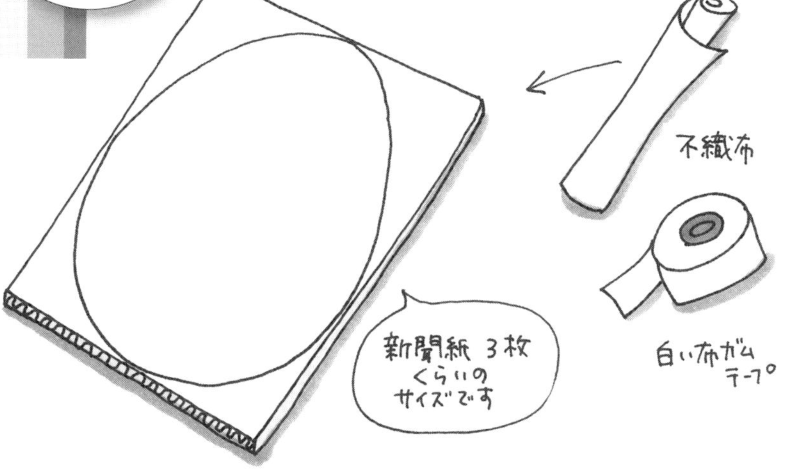

不織布
白い布ガム テープ
新聞紙 3枚 くらいの サイズです

❷ ❶に不織布を貼る

❸ まわりのよぶんな不織布を切り取り白い布ガムテープで縁どってとめる

ピョンピョーンと うさぎの赤ちゃーん!!
こっそり こっそり こっそりさん
カエルの赤ちゃん でてきたよ〜!!

栃木

ポッポ保育園

ストロー ひも通し

1歳児クラスで、ひも通しで集中してあそんでいるので、さまざまな長さのストローを用意してみました。すると、ひもいっぱいに通して「できたーっ」と、とてもうれしそうでした。口に入れてしまう子もいるため、ストローは長めに切ったうえで、子どもたちの手元や口元を注意して見るようにしました。

材料

ストロー
ひも(30cm)
セロハンテープ

❶ ひもの一方の端を結ぶ もう一方の端に セロハンテープを巻く

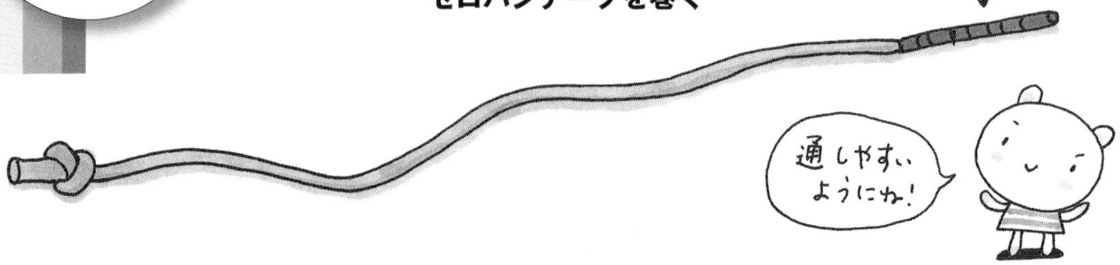
通しやすいようにね！

❷ ストローを適当な長さに切る

1歳児クラスなので
誤飲の危険性も考えて
長めに切りました

❸ ひもを通してあそぶ

2・3 歳児

かんたんにできる
手づくりおもちゃのほか
2、3歳児が
実際に作って楽しんだ製作物などを
紹介します

京都
朱一保育園

あな通し

ひも通しでは、自分で選んだ穴にひもを通していくことを楽しめるようになってくるので、いろいろな種類のものがあればいいな、と思って考えました。材料は、ベルトも含めすべて100円ショップで入手できました。

はじめは、通したひもをはずしていくことには気持ちが向かないのですが、だんだんほどくことにも挑戦していきます。

材料

- 2つ穴のベルト
- 穴あきベニヤ
  （有孔ボード）
- パスタの計量板
- カラーつづりひも
  （長さ70cmぐらい）

ベルト

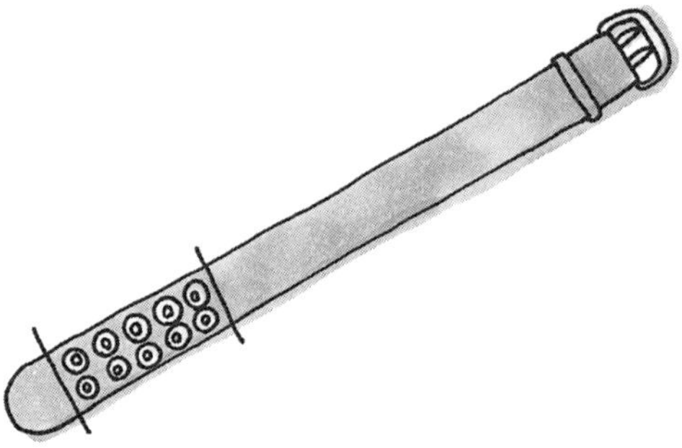

❶ 古いベルトを
3～8列の
サイズに切る

❷ 端の穴に
つづりひもを
結びつける

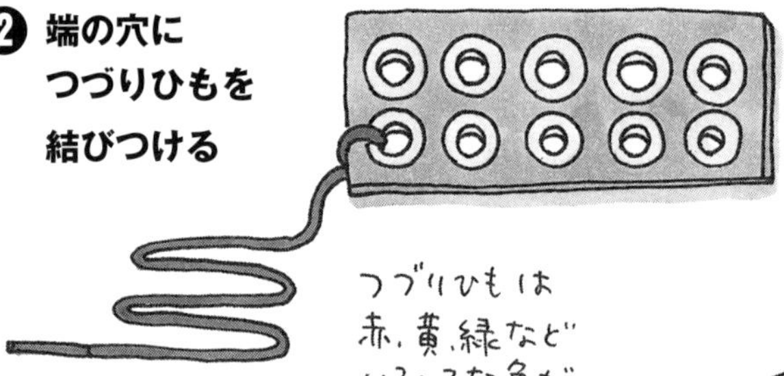

つづりひもは
赤,黄,緑など
いろいろな色が
あります

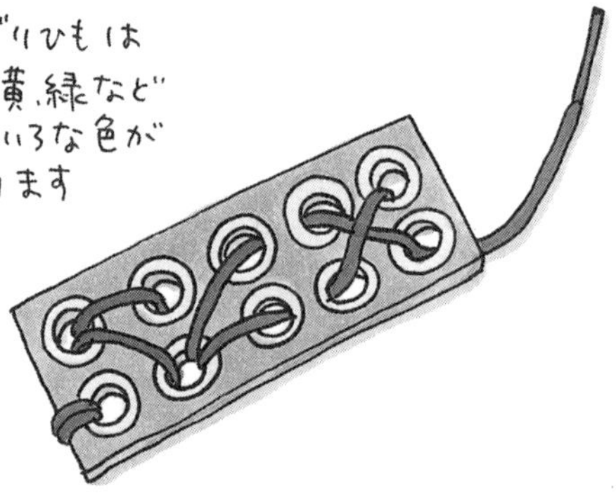

100円ショップに
なかったら
ホームセンターで!

穴あきベニヤ

2～3か所に
つづりひもを
結びつけておく

パスタの計量板

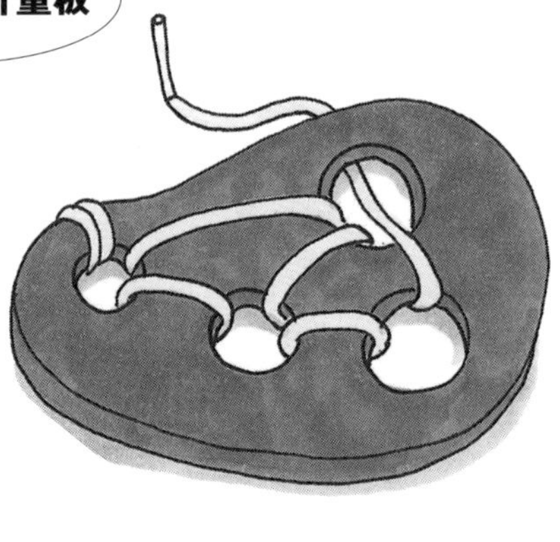

神奈川

鳩の森愛の詩あすなろ保育園

マグネットあそび

２歳児クラスになったばかりのころは、マグネットをペタペタ貼ってははがすという動作を楽しんでいました。後半になると「おうちだよ」「トラックだよ」「お顔だよ」と、みたてて作る楽しさに変わっていきました。

特に雨の日のコーナーあそびとして人気です。壁や棚の裏などに大きめのホワイトボードを取りつけておき、立ってあそんだり、１人用のちいさいボードで机でじっくり楽しんだりしています。

材料

ホワイトボード
（A４・B５サイズ、
大きめのもの）
カラーマグネット

**❶ カラーマグネットを
いろいろな形に切る**

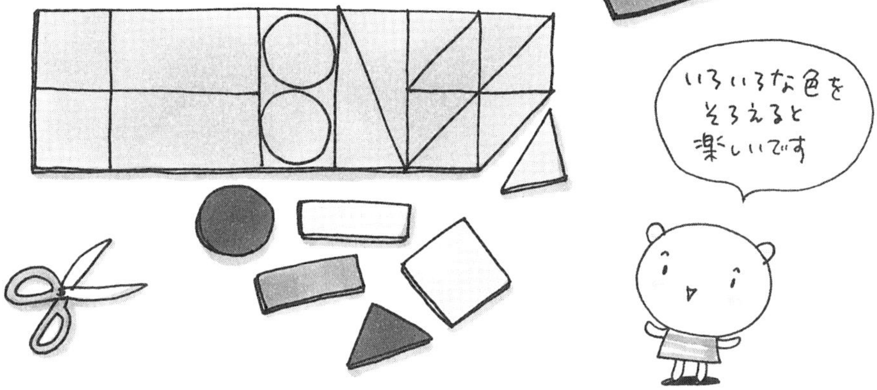
いろいろな色を
そろえると
楽しいです

1人用は
A4, B5くらいの
サイズで

**❷ マグネットを
ホワイトボードに貼る**

京都

洛西保育園

ビー玉のこいのぼり

かごなどの中に入れた画用紙の上に、絵の具をつけたビー玉を置き、かごを傾けてビー玉を転がします。

２歳児クラスでは、コロコロ動かすのが楽しくて、何枚も作っていました。月齢の低い子は、傾ける調節がむずかしいので、保育者が手を添えるようにしました。

きれいに模様がついた画用紙が、こいのぼりに変身すると大満足！　楽しくあそんで作ったものだけに、うれしそうでした。

材料

- 画用紙（白・黒）
- 画用紙（八つ切り）
- 絵の具（2色以上）
- ビー玉（2個以上）
- 画用紙が入る入れ物（かごなど）
- のり

❶ 白と黒の画用紙で、こいのぼりの目玉を作る

ビー玉
えのぐ
画用紙

何色か用意して、ビー玉に一つずつ違う色をつけると、きれいにできます！

❷ 絵の具を水で溶きビー玉を入れる

❸ かごなどの中に画用紙を入れ❷のビー玉をのせる

❹ 子どもがかごを動かしてビー玉を転がす

あまり激しく動かすと
ビー玉がとんでいくので
静かに動かしてね。

❺ 乾いたら、画用紙をこいのぼりの形に切って❶の目玉を貼る

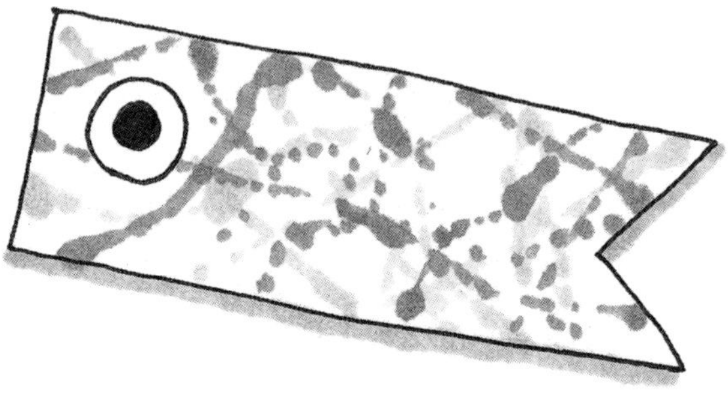

栃木

ポッポ保育園

けんだま

　昔ながらのお正月あそびとして、子どもたちとけんだまを作りました。自然のものを取り入れ、子どもたちがやって楽しく、達成感が得られるものを考えました。

　竹の中に鈴が入るように手を動かし、そのたびに鈴がぶつかって鳴る音を楽しみながらあそんでいました。

材料

竹(子どもが握れる
　太さのもの)
牛乳パック
ボンド
たこ糸
鈴
★のこぎり
★紙やすり
★きり

子どもが手に持てる
くらいの幅のもの

❶ 竹をのこぎりで切り切り口に紙やすりをかける

❷ 牛乳パックを竹の太さに合わせて丸く切り底にボンドで貼る

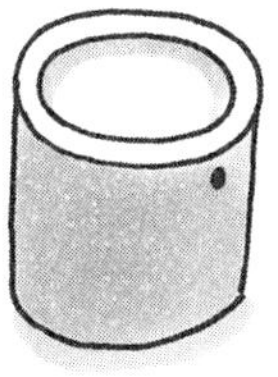

❸ 側面に、きりで穴をあける

❹ 穴にたこ糸を通し２回結びでとめる

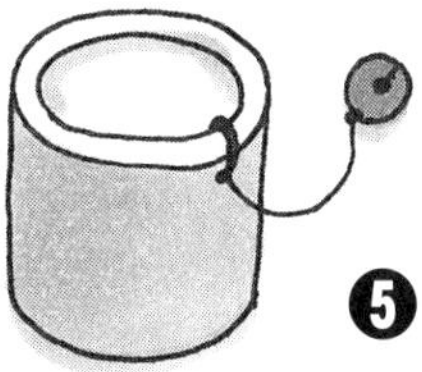

❺ たこ糸の先に鈴を結びつける

たこ糸の長さは
こどもによって
調整してね

京都

朱一保育園

洗たくばさみの変身ボックス

洗たくばさみと、ラップの入っていた細長い箱をたくさん、この2つを用意するだけ。子どもたちが自分で考えてあそびを作り出し、熱中してあそぶ手作りおもちゃです。つなげたり囲ったり、いろいろな発見があり、いろいろなあそび方ができるので楽しいですよ。

❶ いろいろなサイズのラップの箱と洗たくばさみをたくさん用意する

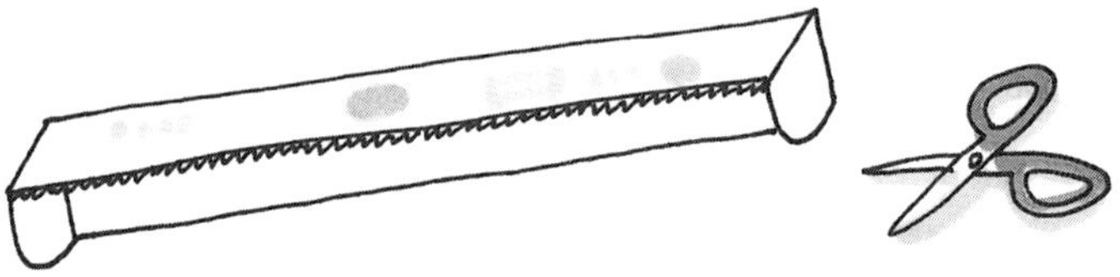

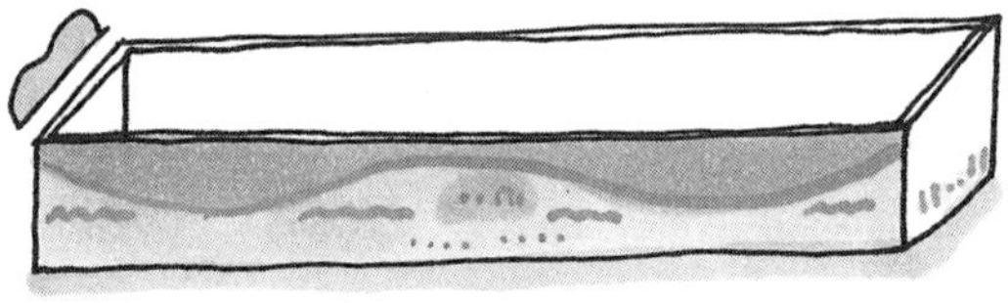

❷ ラップの箱の刃やふた部分を切り取る

❸ 全面に柄もののテープを貼る

ボックスをいっぱい用意して
せんたくバサミでつなげて
遊ぼう！

材料

ラップの空き箱
（大・中・小）
柄もののテープ
洗たくばさみ

みんなで
おそうじ！
そうじきで
おそうじ
しますー
手がのびました
長〜く
長〜く
つなげたり…
ガタンゴトーン
囲いを
作って遊んだり…

鳩の森愛の詩保育園

かくれんぼ忍者

３歳児クラスには、毎年、忍者からの手紙が届いたり、手裏剣が置いてあったりします。運動会では忍者になった子どもたちが忍法を使って競技に取りくみました。大好きな工作あそびでも「じょうずに姿を消せる、かくれんぼの名人」を作りました。棒を下に引っぱると、ちいさな忍者が姿をかくし「今、寝てるの」。棒を上げるとぴょこんと出てきて「こんにちは！」。お互いの忍者同士でごあいさつしていました。

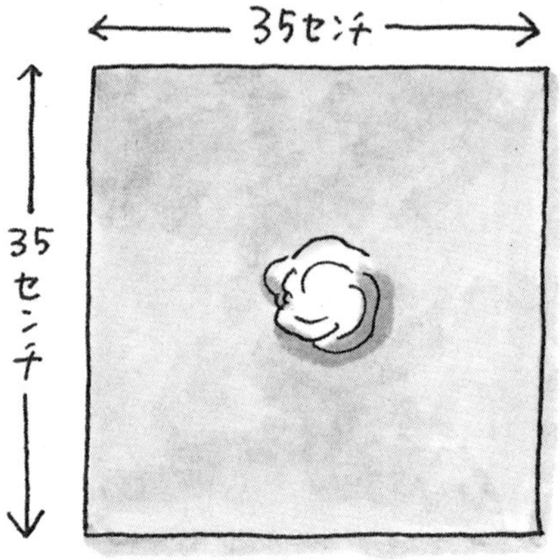
35センチ
35センチ

❶ 布の真ん中にティッシュペーパーを丸めてのせる

柄、無地など子どもたちが自由に選びます

長さ30センチの棒

❷ てるてるぼうずのようにして首にモールを巻く

❸ 頭に棒を差しこみ布の内側にガムテープでとめる

❹ フェルトで顔、眉毛目を作りボンドで頭に貼る

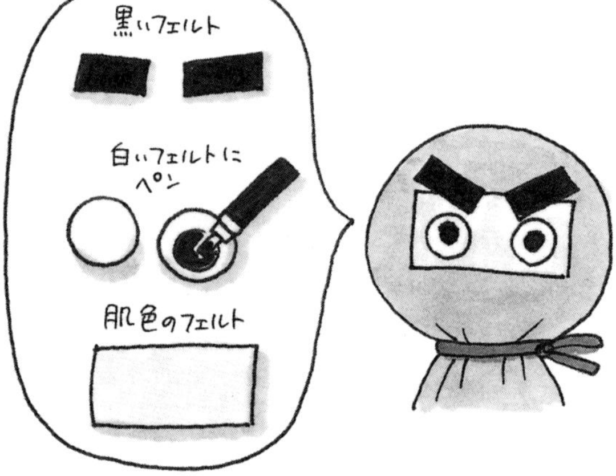
黒いフェルト
白いフェルトにペン
肌色のフェルト

材料

布（35cm×35cm）
ティッシュペーパー数枚
（または綿・布）
モール
棒（30cm）
ガムテープ・カラーガムテープ
フェルト（肌色・黒・白）
ボンド
プラスチックカップ
両面テープ

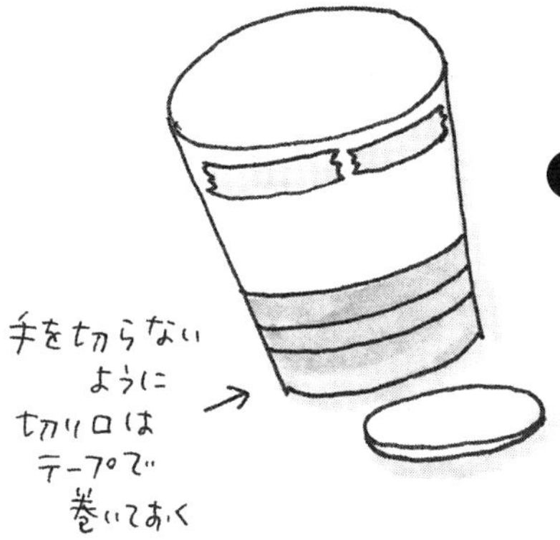
手を切らないように切り口はテープで巻いておく

❺ プラスチックカップの底を抜き口の部分に両面テープを貼る

❻ 布をカップにかぶせ両面テープに貼る

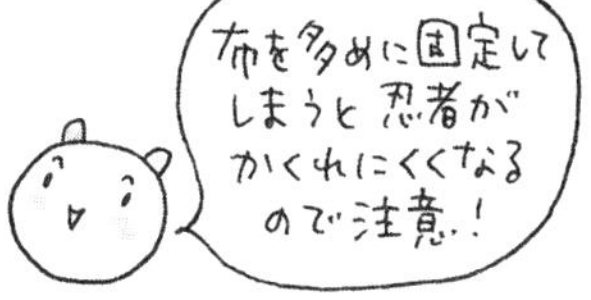
布を多めに固定してしまうと忍者がかくれにくくなるので注意！

❼ おとなが布をカラーガムテープでしっかりとめる

棒を下にひっぱると…
いなくなったでござる！
どろん

栃木

ポッポ保育園

ハンドベル

もうすぐクリスマス。プリンカップを利用してハンドベル風のおもちゃを作りました。手に持って揺らして音を楽しんだり、部屋にたくさんならべて飾りつけました。

材料

- プリンカップ
- 段ボール
- 包装紙
- のり
- たこ糸
- リボン
- ★目打ち

❶ 段ボールを直径３㎝の円形に切り両面に包装紙を貼る

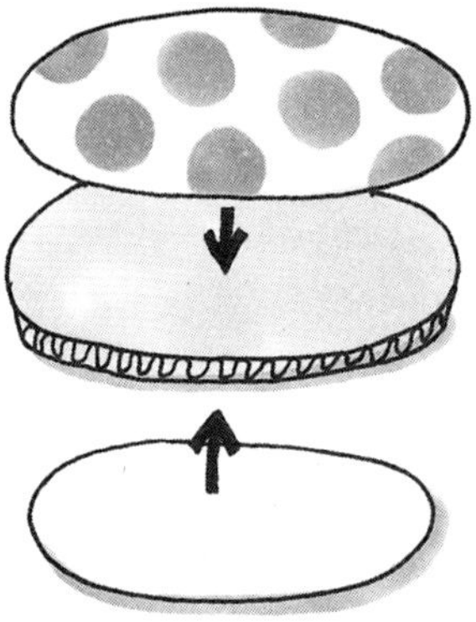

❷ 目打ちで穴をあけたこ糸を通す

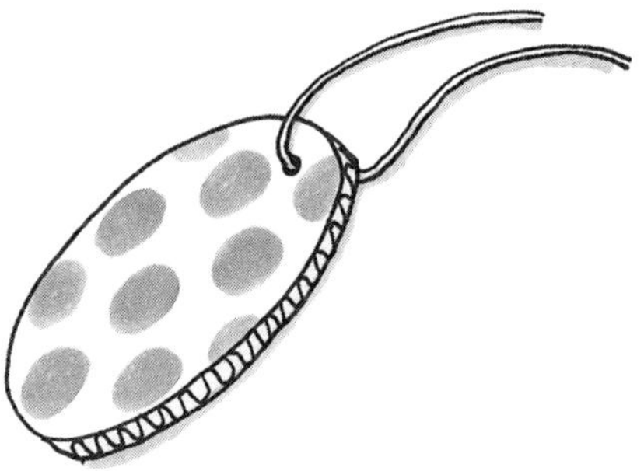

❸ プリンカップの底に穴をあけ、❷のたこ糸を通して固定する

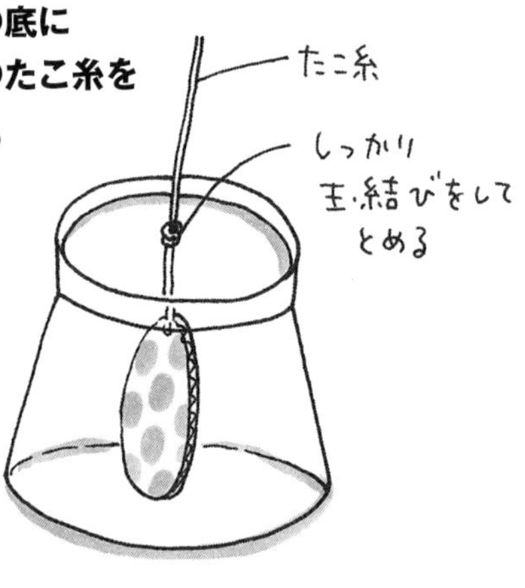
たこ糸
しっかり玉結びをしてとめる

❹ たこ糸を子どもが手に持てる長さに調節しリボンをつける

三重

ひよこ保育園

サンタのバッグ

3歳児でお部屋を飾るツリーを折り紙で作りました。初めは作りたい子だけが作っていましたが、みんなも作るようになり、たくさんのツリーができました。そこで、サンタさんからもらうプレゼントを入れるバッグも作りました。

材料

- 折り紙(赤・緑・金・銀・茶色)
- 丸いシール(いろいろな色)
- 画用紙(八つ切り)
- のり
- 毛糸
- セロハンテープ
- ★穴あけパンチ

❶ 折り紙(赤)でサンタを折る

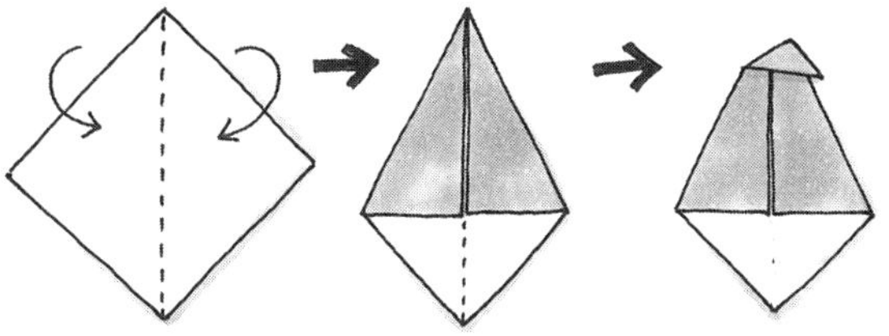

ペンで
顔を
描きます

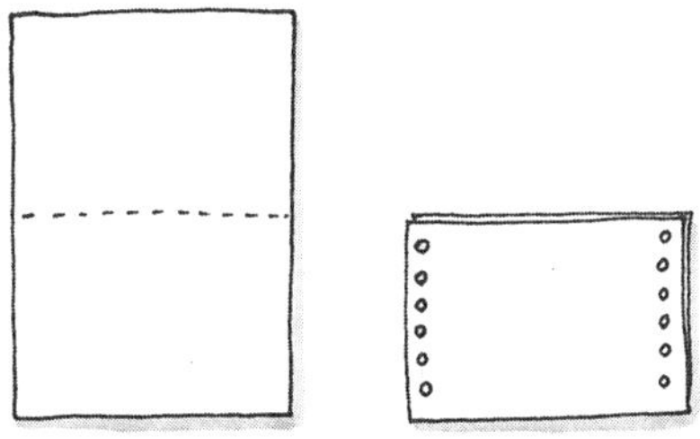

❷ 折り紙(緑)でツリーを折る

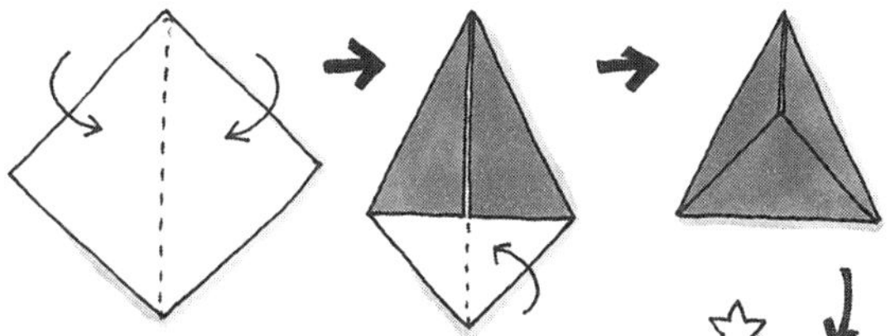

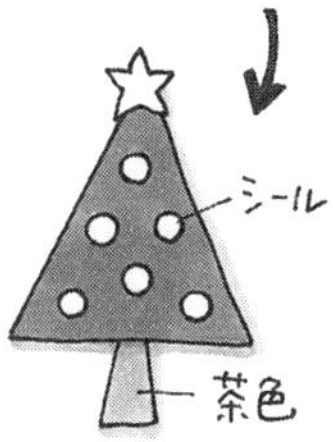
シール
茶色

茶色の折り紙で幹
金か銀の折り紙で星を
作ってツリーに貼る
緑の部分にはシールを貼る

❸ 画用紙を2つ折りにし両側にパンチで穴をあける

❹ ❸に、❶と❷をのりで貼る

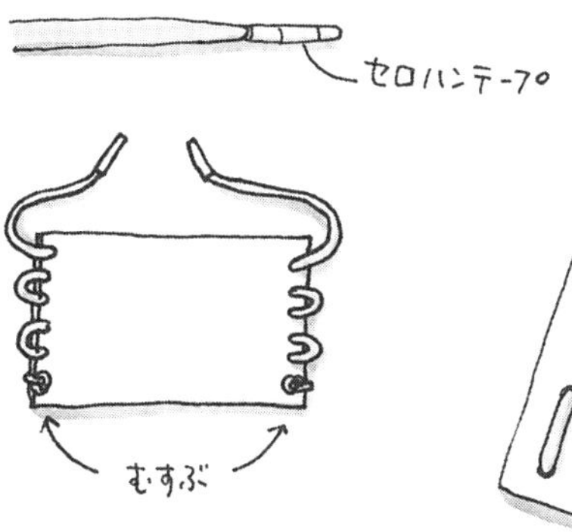
セロハンテープ
むすぶ

❺ 2本の毛糸を画用紙の穴にそれぞれ通していく

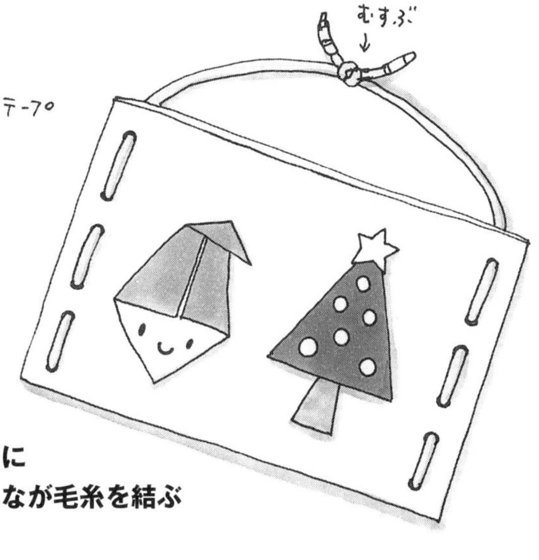
むすぶ

❻ 最後におとなが毛糸を結ぶ

京都

風の子保育園

みかんとおにぎり

　トイレットペーパーを思う存分引っぱってあそんだあと、水とのりをまぜて、クッキングで作ったことのあるおにぎりと、冬のおやつでよく食べていたみかんを作ることにしました。３歳児クラスの１年で、泥だんご作りもじょうずになったので、おにぎりもみかんも、じょうずにまる〜くできました。
　完成後は、おままごと道具としても活躍。作る過程も楽しく、作ったあともあそべて、おすすめの活動です。

❶ トイレットペーパーをちいさくちぎってバケツに入れる

❷ おにぎりは、❶に水を入れてまぜる
みかんは、❶に、だいだい色の絵の具を溶いた水をまぜる

❸ ❷を一握り手に取りのりを載せ、握って形を作る

のりがよくまざるように、ギュッギュッと握ってね！

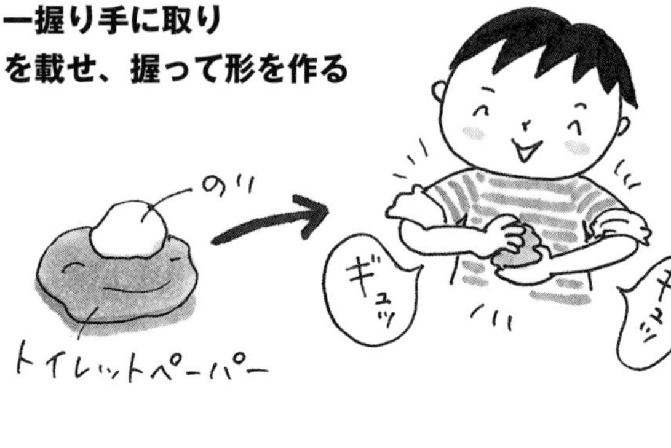
のり
トイレットペーパー
ギュッ
ギュッ

材料

トイレットペーパー
水
絵の具
のり
色画用紙
（赤・黒・緑）

作る前に、トイレットペーパーの芯を通したひもを、部屋の端から端に渡して、ペーパーを引っぱってあそんでも楽しいです！

❹ 色画用紙で、梅干し、海苔へたを作って貼る

❺ よく乾かして完成

のりがまざっているので
何もつけなくても くっつきます
赤
黒
おにぎり
みどり色
みかん

お湯で溶いたボンドをぬると、より一層固くなります
ボンド

山梨

だるまの福笑い

さくらんぼ保育園　子育て支援センター

大きなだるまを作り、福笑いをします。１～２歳児はとんでもない場所に置いてくれますが、味のあるだるまになり、大笑い！　３歳児では、ハンサムなだるまに。

このだるまを使って「だるまオニ」であそびます。だるまのうしろにかくれた子の、だるまからのぞくちいさい足がとってもかわいい。そして、だるまから「わぁー」と元気よく飛び出して、みんなを追いかけます。つかまった人はその場に座ってだるまになるなど、年齢にあわせてあそぶと楽しいですよ。

❶ 厚紙でだるまの眉目、口、ひげを作る

❷ 大きなボール紙全体が朱色になるまで塗る

❸ ❷が乾いたら、だるまの形に切る

❹ 顔の部分に白い紙を貼る

先に、ボール紙に
筆やはけで絵を描いて
あそんでから朱色に塗ると
二度楽しめます。
ダイナミックに
塗ってあそぼう！

材料

厚紙
大きなボール紙
絵の具(朱色)
はけ
白い紙
両面テープ

❺ ❶のパーツを使って福笑いであそぶ

目かくししなくても
おもしろい顔が
できます。
パーツは両面テープ
で貼ってね！

完成しただるまで

だるまオニ

だるまのオニや〜い!

1 オニ役が、だるまのうしろにかくれる

2 「だるまのオニや〜い」とはやし立てながら、鬼に近づいていく

コラ〜!
きゃ〜

3 オニは、怒ってだるまをパタンと倒しみんなを追いかける

栃木
ポッポ保育園

びゅんびゅんごま

最初はうまく回らなかった子も、やっていくうちにコツをつかみ、回るとうれしくてうれしくて、延々とやり続けていました。両足の指にひもをかけて回している子もいました。

製作するとき、のりをつける面がわかりやすいように、表にもようのあるコースターを選び、もようの面にのりをつけました。たこ糸を通すときは、先端にセロハンテープを巻いて、ちいさい穴に通りやすいようにします。

材料

紙のコースター
（3～4枚）
たこ糸（70㎝くらい）
子どもの肩幅の倍
が目安
★千枚通し

❶ コースターを3枚のりで貼りあわせる

白い面を外側にして、子どもたちに絵を描いてもらいます

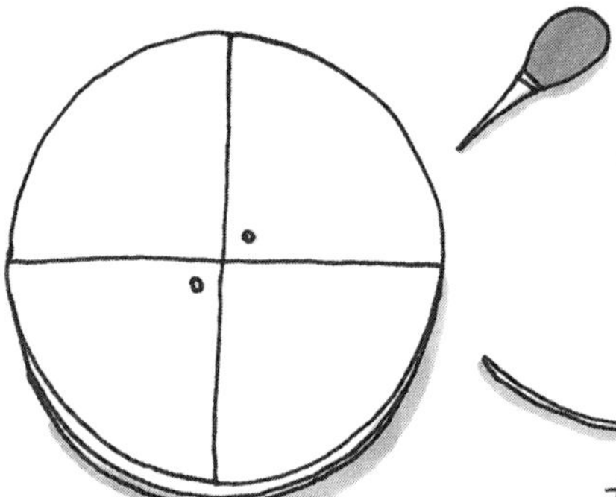

❷ 円の中心から左右5㎜のところに穴を2つあける

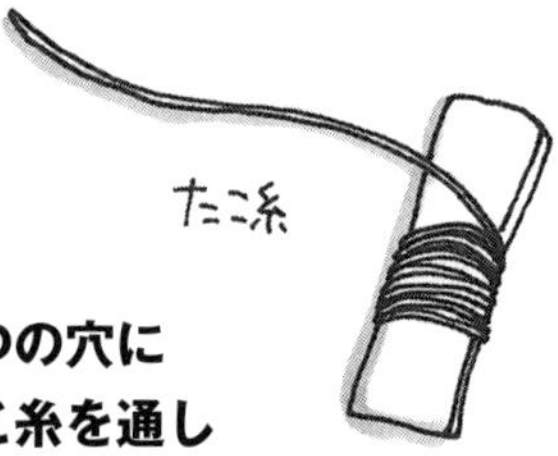
たこ糸

❸ 2つの穴にたこ糸を通し結ぶ

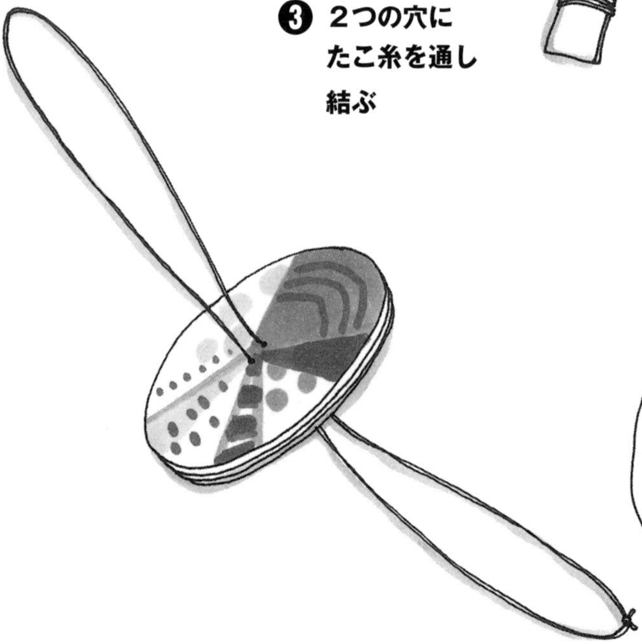

コマのまわし方は
❶ ひもの両はしを持ってコマをくるくる回してひもをねじる
❷ はじめにひもをのばすようにひっぱり、ちぢめたり、のばしたりして、コマをまわす

栃木

ポッポ保育園

ぐるぐるたこ

3歳児で「はさみで円を切れる」目安として作ってみました。切り取る前に絵を描いたので、庭じゅう走り回りながら、色やもようの変化をよろこんでいました。

材料

- 包装紙の芯
- ビニールテープ
- たこ糸
- 画用紙
- ペン
- たこ糸

❶「フェルトのたこ」(22ページ)
と同様に、包装紙の芯で
持ち手を作り、たこ糸を結ぶ

❷ 画用紙に
うず巻きを描く

❸ はさみで切り取る

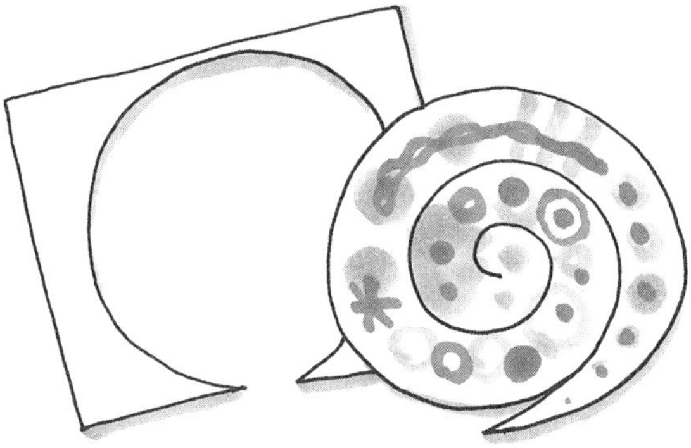

マジックや絵の具で
絵や模様をつけると
きれいです

❹ うず巻きの線の通りに
はさみで切る

❺ ❹の真ん中に
穴をあけ
❶をつなぐ

テープで
裏からとめる

京都

洛西保育園

ティッシュ箱のオニのお面

顔と髪の毛の色を何色にするか、つのは何本か、保育者が援助しつつ、２歳児の子どもたちが自分で決めました。赤オニ、青オニ、３本づののオニなど、個性あふれる作品がたくさんできました。

❶ ティッシュ箱を開いて下図のように切る

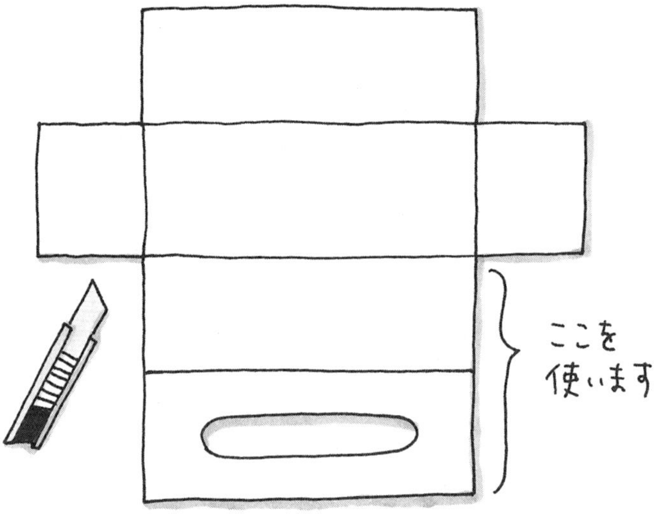

❷ 色紙などをちぎってのりで貼る

材料

ティッシュ箱
色紙
のり
チラシ
（または画用紙）
ボンド
毛糸

❸ チラシや画用紙をななめに丸めて下部を切り取り、切りこみを入れてつのを作る

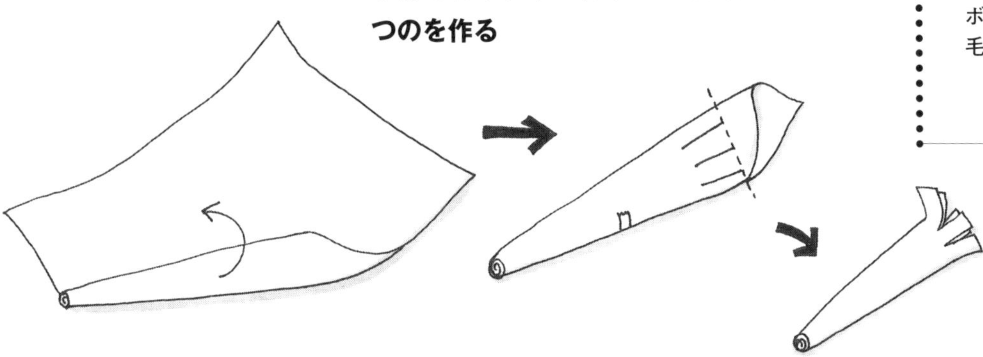

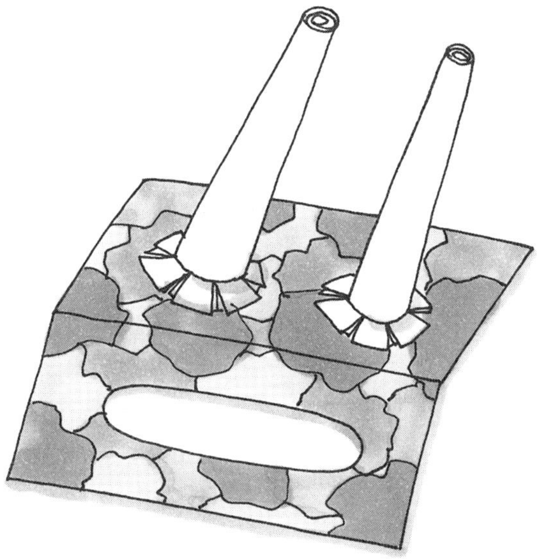

❸❹は
月齢のちいさい子
には、
保育者がかわりに
します

❹ ❸を❷にボンドでとめる

❺ 頭の部分に指でボンドを塗り毛糸を貼って髪の毛にする

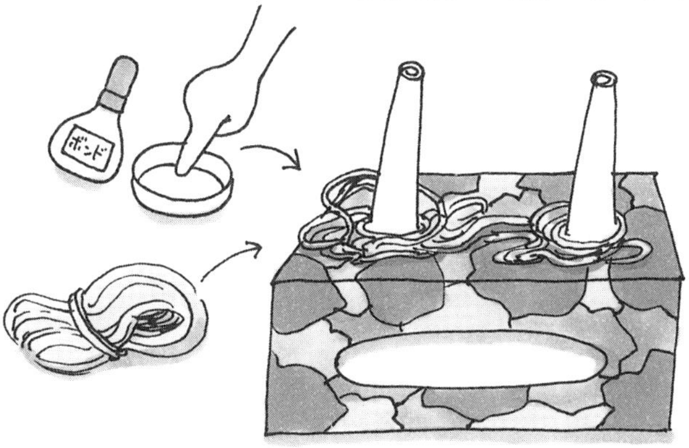
ボンド

栃木

ポッポ保育園

よくばりオニあそび

紙コップの片面ずつを使います。表にはオニのつのを貼り、裏にはオニの顔を描きます。紙コップに平ゴムをつけて、つのを表にしてかぶってオニになりきり、ごっこあそび。裏のオニの顔のほうは、コップを伏せて置き、玉を当てて倒してあそびます。ひとつのもので２種類のあそびができて、子どもたちは大よろこびでした。

材料

紙コップ
厚紙
絵の具・筆
平ゴム

❶ 頂点が紙コップより少し出る大きさに厚紙を三角形に切る

❷ 紙コップと三角形に子どもが好きな色を塗る

❸ おとなが三角形にしまもようを描き紙コップに貼る

❹ 紙コップの裏にオニの顔を描く

❺ 子どもに合わせて平ゴムをつける

❻ 裏を前に向けて玉当てあそび

兵庫

ゆりかご保育園

パジャマ袋

3歳児クラスで、園で使うパジャマ入れをそれぞれの家庭で作ってもらいました。とてもかんたんに作れる袋です。毎日パジャマをしまうとき、かた結びの練習にもなります。

材料

布(75cm×25cm)

❶ 布のまわりを折り返して縫っておく

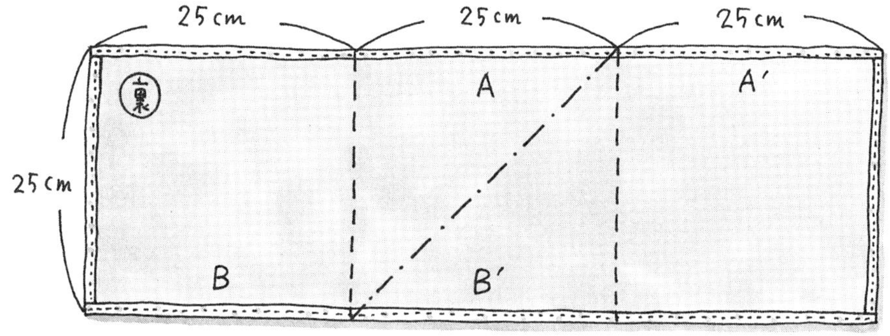

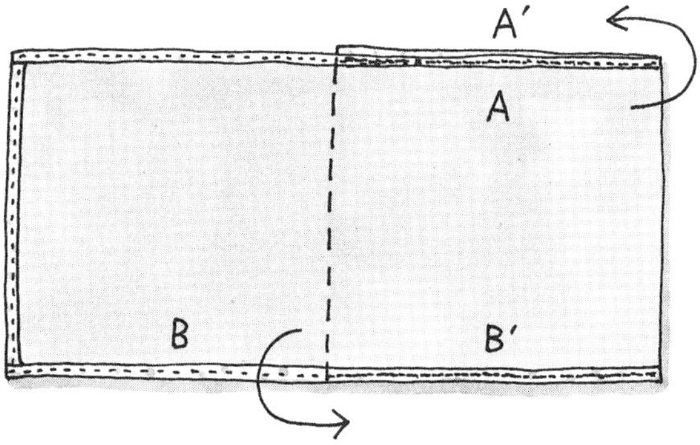

❷ AとA′を縫いあわせる

❸ BとB′を縫いあわせる

❹ ❶の図の点線部分を折り図のような形にする

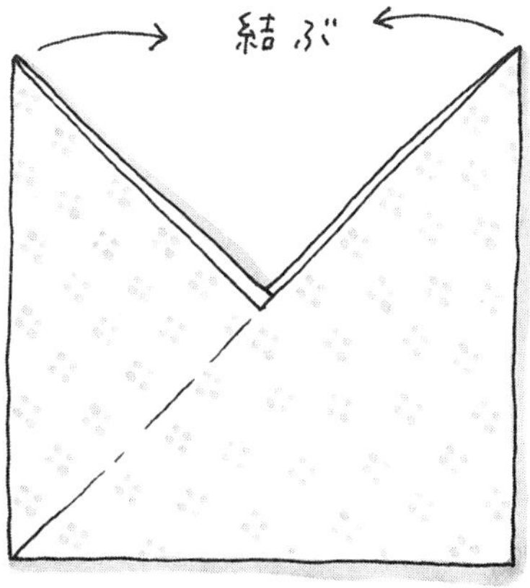

群馬

熊の子保育園

たんぽぽ染め

春のおさんぽでは、どこに行ってもまっ黄色のたんぽぽが目につきます。花束にしたり、時計にしたり、茎をさいて水につけて、たくさんあそびました。

そこで、みんなが大好きになったたんぽぽで、Tシャツを染めてみました。集めるのも楽しくて「どんな色になるのかなぁ～」とワクワクしながら、かまどのまわりに集まっていました。おそろいのTシャツが染まって、とてもうれしそうでした。

❶ 集めてきたたんぽぽをそのつど冷凍庫で保存する

冷凍庫へ

❷ Tシャツを牛乳につけよく洗って乾かす

MILK
牛乳のたんぱく質がつくと、染まりやすくなります
MILK

材料

たんぽぽ
Tシャツ
牛乳
みょうばん
洗たくネット

❸ ❶を洗たくネットに入れて色が出るまで煮出す

たんぽぽの茎まで入れると
黄緑っぽく、
花だけだと黄色っぽい色に
なります。

❹ ❸に❷のTシャツを入れて煮る

❺ 色が染まってきたら鍋から取り出しよく絞る

みょうばん
湯

❻ みょうばんをお湯でとかしTシャツを入れて色を定着させる

❼ 軽く洗ってから乾かす

やさしい色だね♥

はし袋ロケット

広島

口田なかよし保育園

使用済みのはし袋を集めておき、ストロー代わりのお手製の「剣」をつっこんで吹き飛ばします。

市販のストローでもよいのですが、新聞やチラシをくるくる丸めた剣作りが大好きな３～５歳児は、これで代用。自分でできたこともうれしくて、飛ばしあいっこを楽しんでいます。本物のロケットのように羽根をつけるとよく飛びます。つける位置は調整してみてください。

材料

- チラシ
- (またはストロー)
- セロハンテープ
- はし袋

小さい子は
短めにね

❶ チラシを丸めて剣を作りセロハンテープでとめる

❷ はし袋に❶を入れ吹いて飛ばす

盛り上がり
ます

4・5 歳児

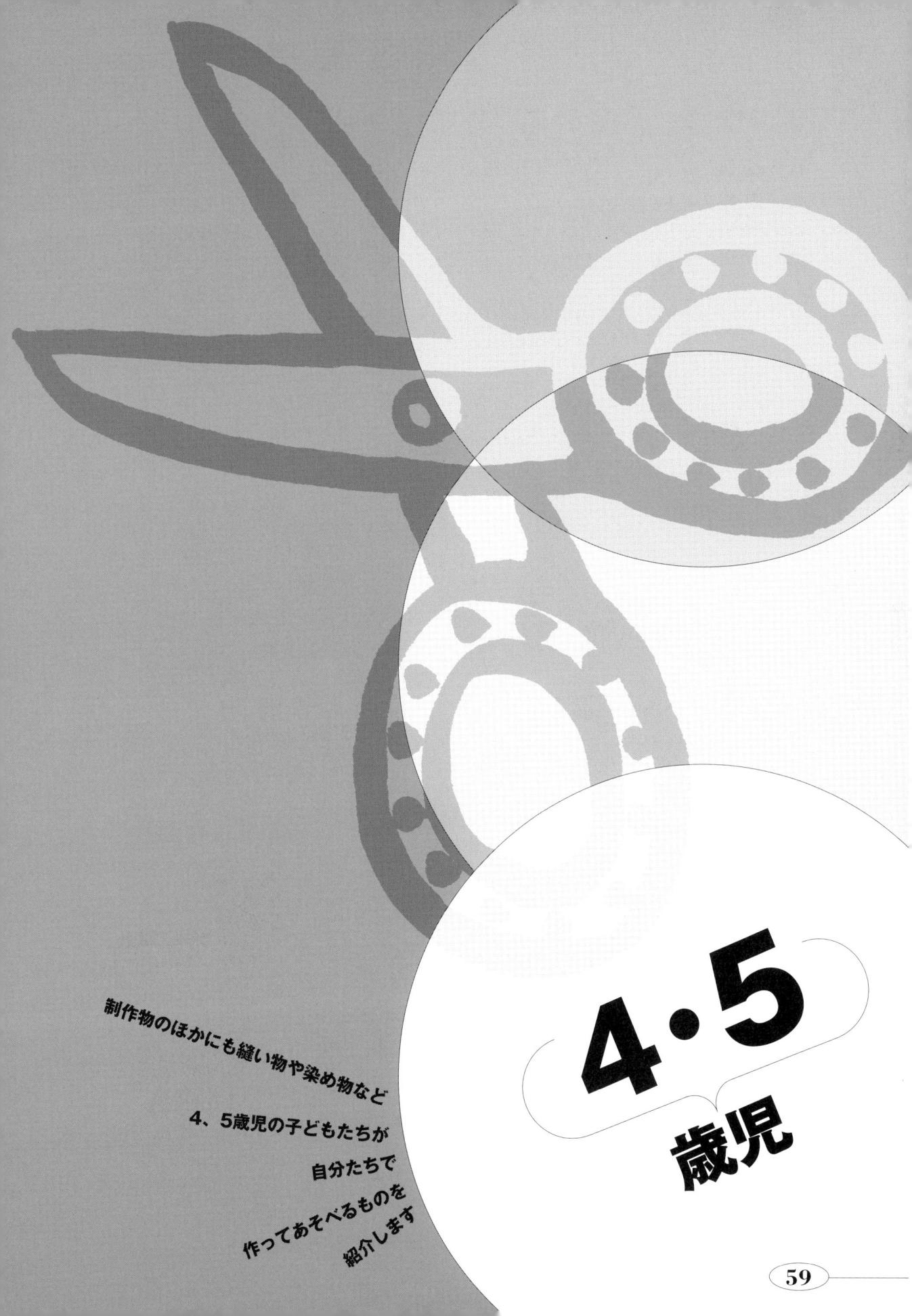

制作物のほかにも縫い物や染め物など
4、5歳児の子どもたちが
自分たちで
作ってあそべるものを
紹介します

群馬

熊の子保育園

本物のこいのぼり

中国のお話のような、滝をのぼる勢いのあるこいをイメージして、本物のこいを描いてみたいと思いました。そこで、部屋でこいを飼い始めると、子どもたちは暇さえあれば観察するようになり、ひれやうろこにも興味をもち始めました。作る前に、うろこをさわったり魚拓をとったりしたので、子どもたち一人ひとりが、形やうろこにこだわりのあるこいのぼりを作ることができました。

材料

画用紙
えんぴつ
布
筆ペン
糸
針金

❶ こいを観察しながら画用紙にえんぴつで描く

❷ 画用紙の上に布を置き筆ペンでこいの絵を写す

筆ペンだと
にじまず
細かく
描けます
布
画用紙

❸ ❷の布に同じ大きさの布を重ね２枚とも同じ大きさに切る

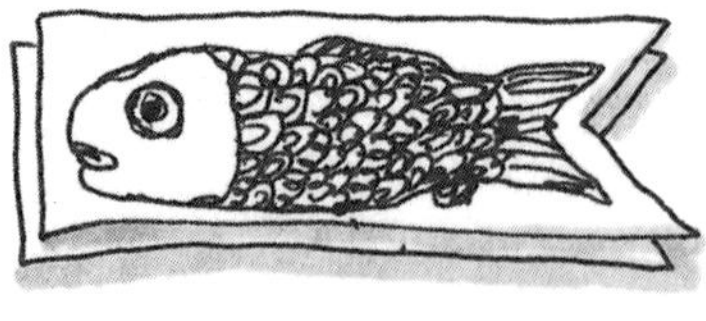

❹ ❸を縫いあわせ口の部分に針金を入れて縫い糸をつける

兵庫

あひる保育園

ぞうきん

年長児は進級後すぐに、おうちから一番薄いタオルを持ってきてもらい、ぞうきんを縫います。

このぞうきんで、毎朝ホールをぞうきんがけ。５歳の子は片道５回、誕生日が来て６歳になると片道６回になるので、とても張り切ります。

毎日のぞうきんがけで、両手を置くところがだんだんめがねのような形に薄くなるので「ぼくのも早くめがねぞうきんにならないかなあ」とがんばっています。９月か 10 月に、めがねぞうきんになった順に、２枚目を縫います。今度は玉結びも自分でやります。

材料

薄いタオル
チャコペンシルなど

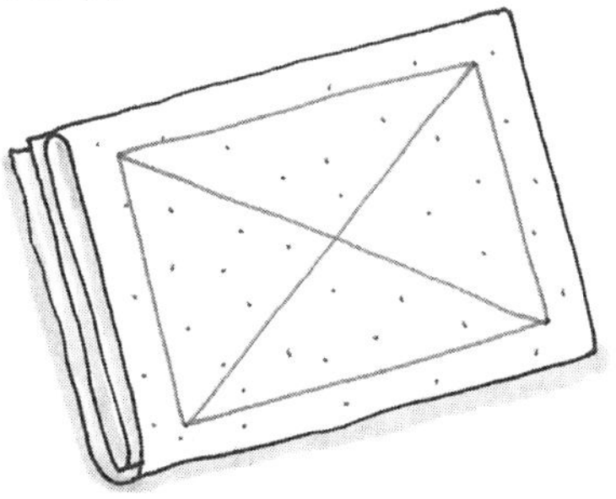

❶ タオルを４つ折りにし縫うところにおとなが線を書いておく

❷ 針に糸を通す

❸ おとなが玉結びをする

❹ ❶の線のとおりに縫う

❺ おとなが玉止めをする

これが「めがねぞうきん」だ！
ぼくも早く「めがねぞうきん」にならないかな〜
2枚目のぞうきんは玉結びまで自分でやります（玉どめは保育者）

栃木

ポッポ保育園

針山

４歳児クラスで、綿を種から育てて収穫しました。クリスマスにこの綿でリースを作り、年明け「年長さんになったらぞうきんを縫うんだよね」という子どもたちの声に、綿を入れた針山を作ることになりました。

糸通しと玉結びは保育者がやり、上下色違いのフェルトにして「赤に刺したら次は青に刺す」と、視覚的にわかりやすいように工夫しました。最後の、綿を押しこみながら縫う作業はむずかしく、手の汗でフェルトがびしょびしょになったり、綿が出てきてしまったり、２枚いっしょに縫えていなかったりもしましたが、最後までがんばっていました。

材料

フェルト２枚（２色）
（5㎝×5㎝）
ししゅう糸
綿
洗たくばさみ

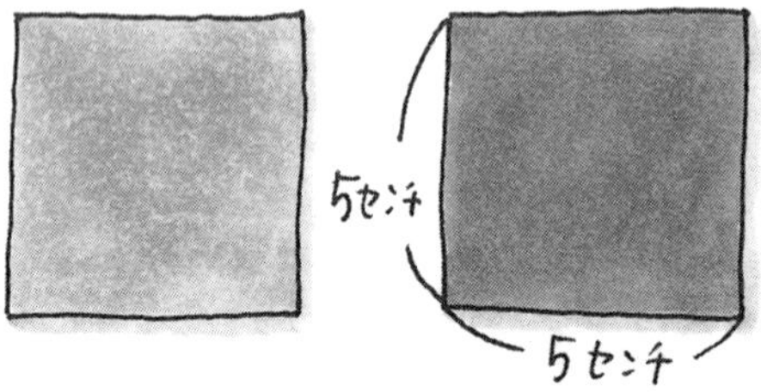
5センチ
5センチ

❶ 色違いのフェルトを用意する

❷ ２枚を合わせて洗たくばさみでとめる

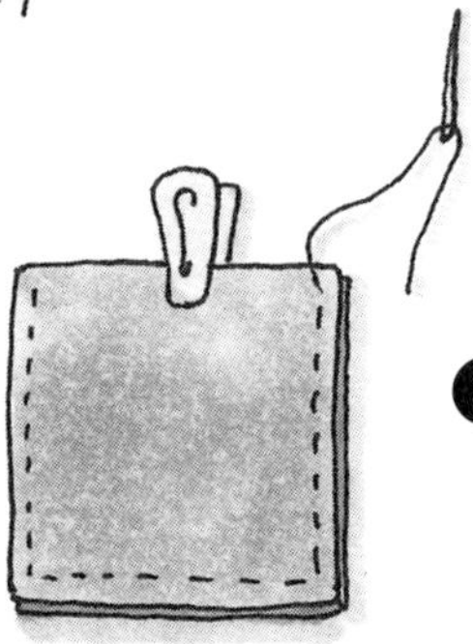

❸ 好きな色のししゅう糸で袋状に縫う

❹ 中に綿を入れる

❺ 綿を入れたところを縫いあわせる

むずかしいね

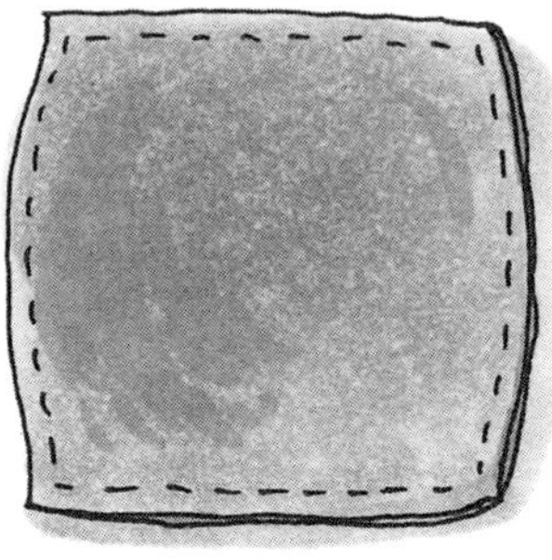

じょうずにできました!!

栃木

ポッポ保育園

キーホルダー

針山（62ページ）を作ったあと、「もっと作りたい！」の気持ちがどんどんふくらみ、卒園間近の年長さんへ、キーホルダーを作ることになりました。形と大きさが違うだけで、作り方は針山と同じ。鈴を通したひもを保育者といっしょに縫いつけ、年長さんにプレゼントした子どもたちは本当にうれしそうでした。

自分たちで育てたもので製作したことで、ほかでは味わえない達成感や大きなよろこびがあったのだと、子どもたちのようすを見ていて感じました。

材料

フェルト2枚（2色）
ししゅう糸
綿
ひも
鈴

❶ 好きな形に切った色違いのフェルトを２枚用意する

❷ ししゅう糸で縫う

❸ 縫い残したところから綿を入れる

❹ 綿を入れたところを縫いあわせる

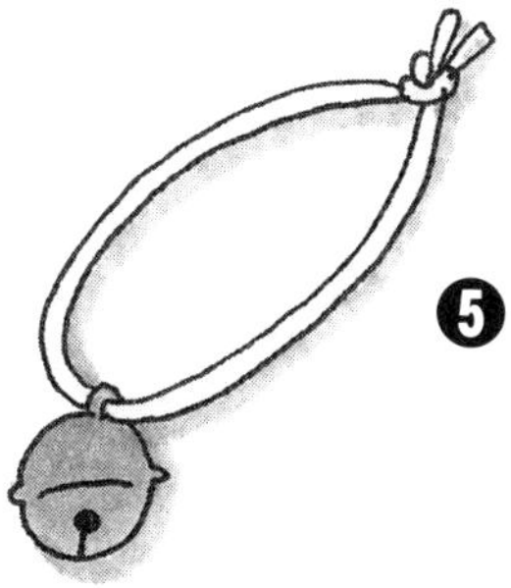

❺ ひもに鈴を通して結ぶ

❻ ❹に❺を縫いつける

栃木

ポッポ保育園

梅酢染めきんちゃく

園で毎年、子どもたちと梅干しを作ります。土用の丑の日に梅を干しますが、梅酢はきゅうりを漬けたり、布を染めたりと大活躍！　ほかに、藤やしその葉、たまねぎの皮でも染め物を楽しんでいます。

染めた布で、５歳児は縫い物にチャレンジ。きんちゃく袋やコースターを作り、お年寄りとの交流会で、手づくりの染め物グッズなどをプレゼントします。お年寄りにも大人気です。

梅干は
1か月ほど
漬けます

❶ 梅酢（梅干しを漬けた汁）を準備する

❷ 梅酢で布を染める

ビニール袋と
輪ゴムで
手袋にしたよ

❸ みょうばんをお湯でとかす

❹ ❸に❷の布を入れ色を定着させる

❺ ピンク色に染めた布を乾かす

材料

- 布
- 梅酢
- みょうばん
- ひも
- 大きいゼムクリップ
- セロハンテープ

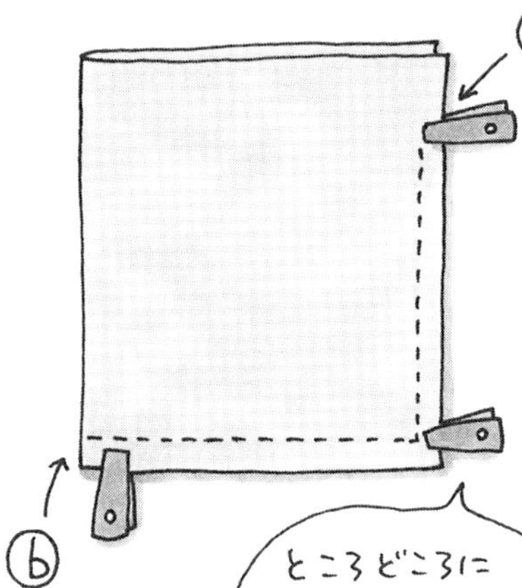

❻ ❺を中表にして たて半分に折り 縫うところに おとなが線を書く

ところどころに
マチ針のかわりに
せんたくばさみで
とめる

❼ ⓐからⓑまで 子どもが縫う

ⓐⓑどちらから
縫い始めてもいいけれど
ⓑから始めたときは、
ⓐのせんたくばさみで
止めるように声をかけます

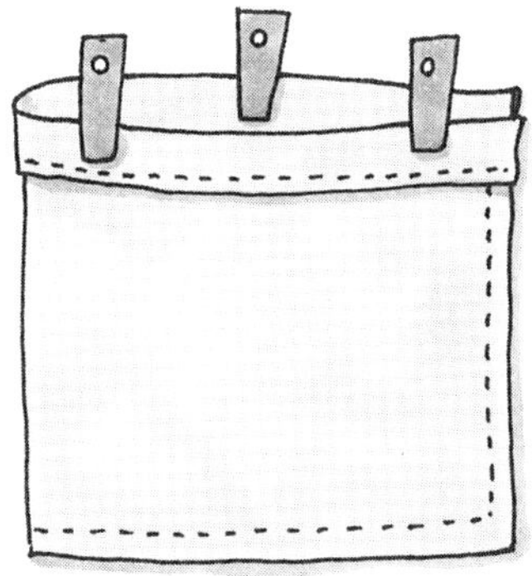

❽ 口を折り返して 洗たくばさみでとめ 布の端の少し上をぐるりと縫う

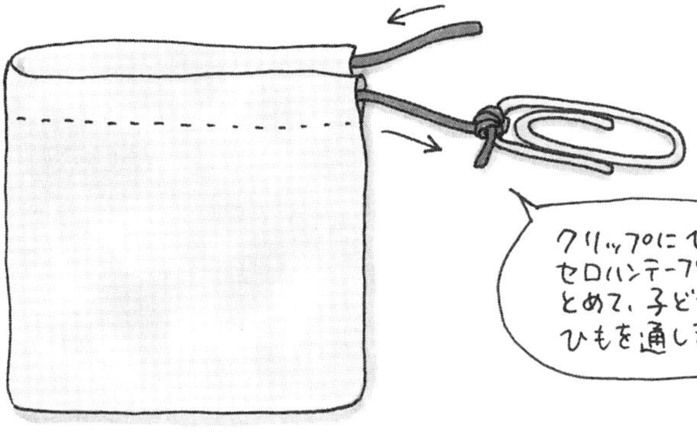

クリップにひもを
セロハンテープで
とめて、子どもが
ひもを通します

❾ 表に返して ひもを通す

端の処理をするときは、
おとながアイロンで
3つ折りにしてから
縫い、あとは
同じやり方で…

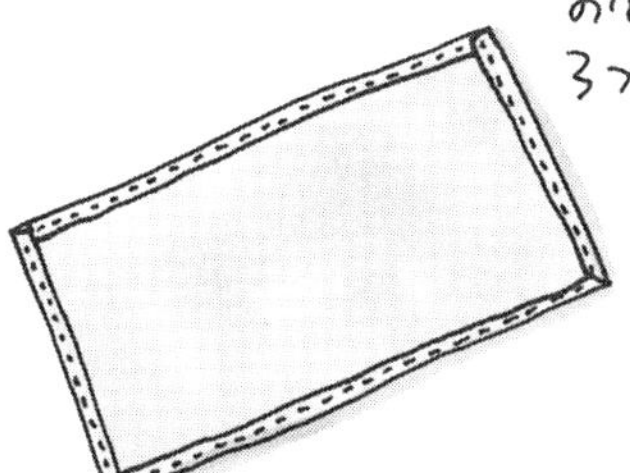

広島

口田なかよし保育園

コロコロ迷路

廃材を利用するなど、お金をかけず楽しくあそべるおもちゃを、子どもの発想を大切にして作っています。そうすると、子どもたちは作るときもあそぶときも、じっくり集中して取りくめます。「こうしてみたら？」と、いろいろなアイディアもふくらみます。

❶ お花紙を水にぬらして丸め乾かしておく

玉に
なります

❷ 箱に すきまテープを貼って 道を作る

はがすと
シールになっている
スポンジ
木の棒を切って
木工用ボンドで
貼ってもいいですよね

スタートと
ゴールを決めても
おもしろいよ

材料

お菓子などの紙箱
すきまテープ
お花紙

❸ ❶の玉を動かしてあそぶ

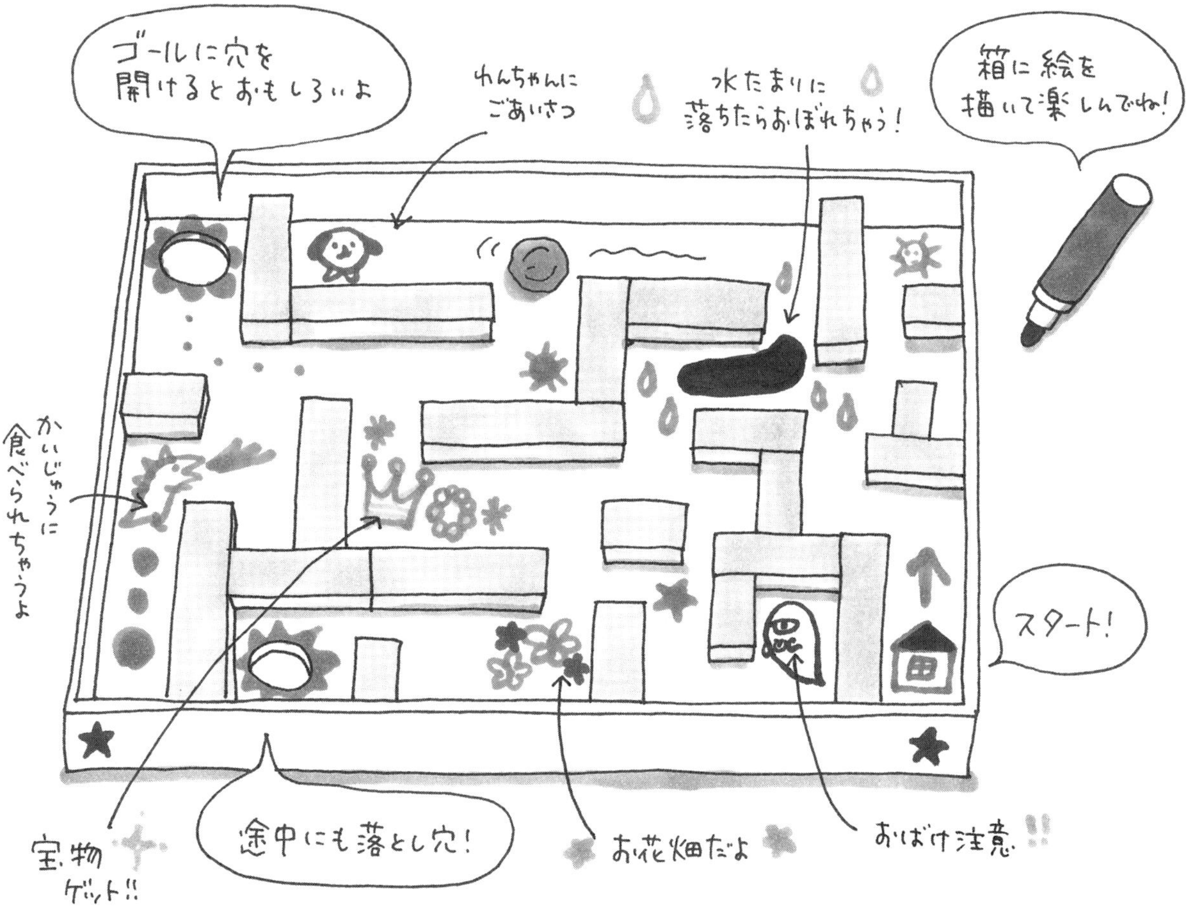
ゴールに穴を開けるとおもしろいよ
わんちゃんにごあいさつ
水たまりに落ちたらおぼれちゃう!
箱に絵を描いて楽しんでね!
かいじゅうに食べられちゃうよ
スタート!
宝物ゲット!!
途中にも落とし穴!
お花畑だよ
おばけ注意!!

京都

中山保育園

折り紙のぼうし

クラスで「ぼうしを作ろう！」ということになり、折り紙で作ることにしました。

子どもたちは作りながら折り紙の色を変えたり、ぼうしのてっぺんをとめないで「かんむり」にしたり、一部だけ残して「ねこの耳」にしたりと、いろいろなバリエーションのものを作って楽しんでいました。

材料

折り紙
ホッチキス
セロハンテープ

❶ 折り紙を下図のように折ったものをたくさん作る

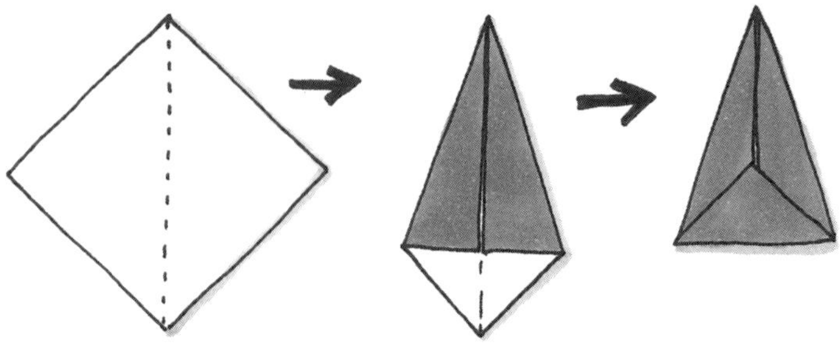

❷ ❶をホッチキスでとめてつなげていき最後は輪にする

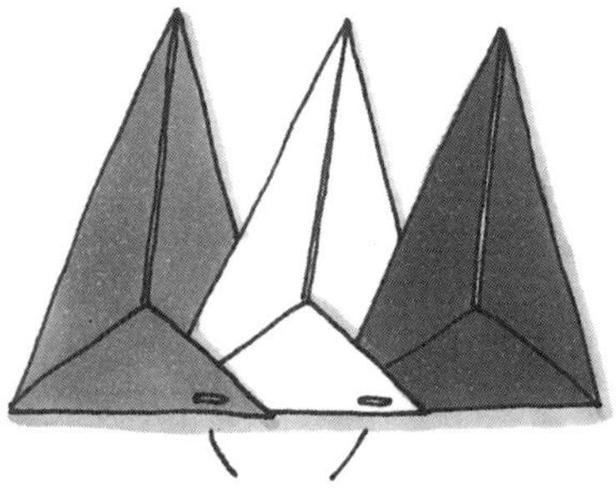
ホチキス

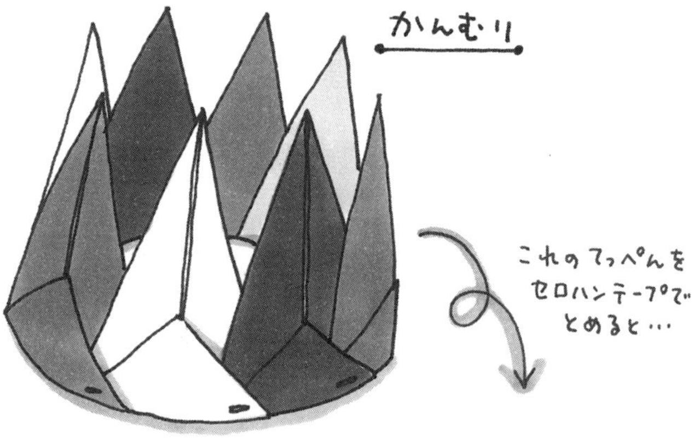
かんむり
これのてっぺんを
セロハンテープで
とめると…

セロハンテープ
ねこのぼうし
耳の部分だけ
おりがみを
外側にすると
とめやすいよ。

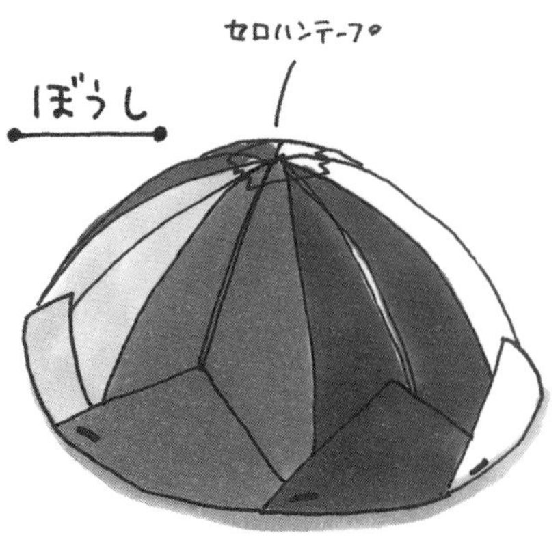
セロハンテープ
ぼうし

三重

ひよこ保育園

松ぼっくりのツリー

外国産の松ぼっくりで、大きいものは高さ 10cm もあるものを使いました。一つひとつのかさが大きくてビーズがのせやすく、作りやすかったです。かんたんにできて見栄えがいいので、子どもたちには大人気の製作物です。綿を雪にみたてて飾ってもきれいです。

材料

- 松ぼっくり
- 紙コップ（または アイスクリームの カップ）
- ビーズ
- ボンド

❶ 松ぼっくりに、ボンドでビーズを貼る

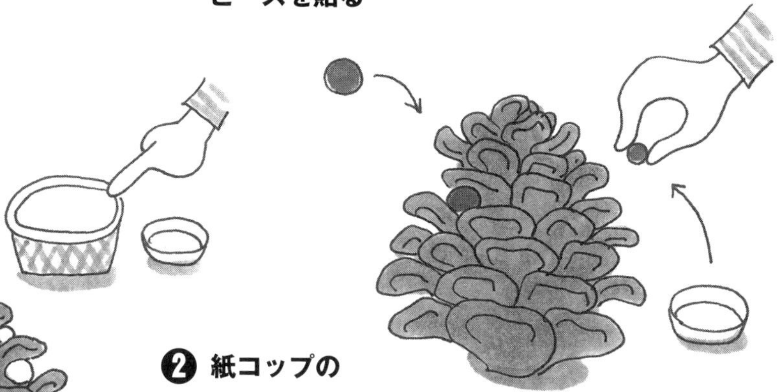

❷ 紙コップのふちにボンドを塗り松ぼっくりを押しつけて貼る

1日置いて完全に乾燥させると完璧です

松ぼっくりを白く塗ったり

ラメのマニキュアを塗ったり

綿をのせたり

いろいろ工夫してみてね！

栃木

丸太のろうそく立て

ポッポ保育園

丸太を輪切りにして、散歩先でひろってきた木の実で飾り、ろうそく立てを作りました。サンタさんがクリスマスプレゼントを持ってくるときに迷わないよう、目印にしてもらえるようにしました。

材料

- 丸太
- 木の実(どんぐり・松ぼっくりなど)
- ボンド
- 絵の具・筆
- アルミホイル
- ろうそく
- 画びょう
- ★のこぎり

❶ のこぎりで丸太を切り分ける

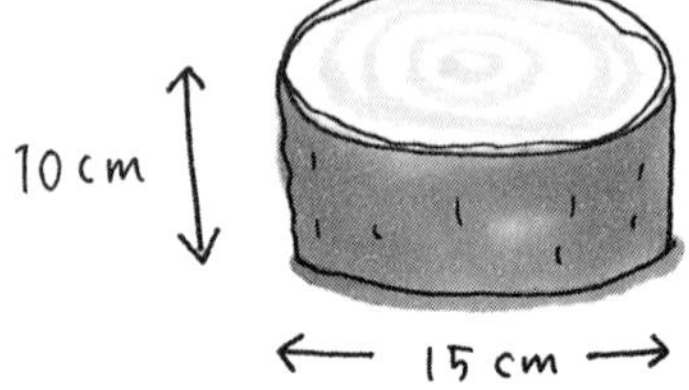

❷ ❶の真ん中にボンドで画びょうを貼り針にアルミホイルをさす

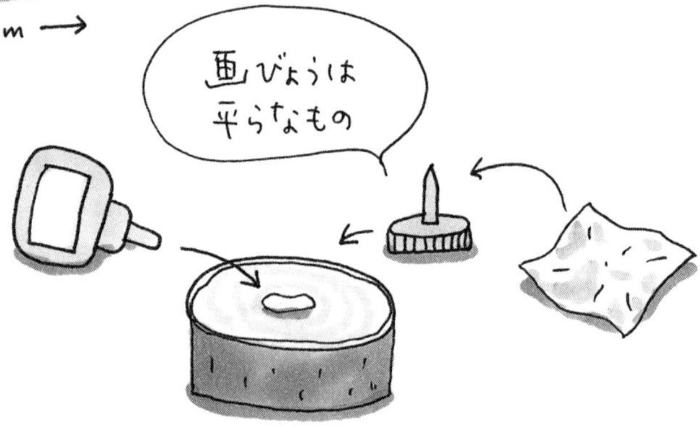

❸ 画びょうにろうそくをさす

❹ 木の実などをボンドで貼る

❺ ボンドが乾いたら絵の具で色をつける

栃木

ポッポ保育園

石のろうそく立て

これもサンタさんが来るときの目印になるろうそく立てです。夕方、庭にならべて点火しました。

ろうそくのあかりはやわらかく、そのあかりと子どもたちのうたで、心もあたたまりました。

材料

- 平らな石(大きめ)
- 小石
- 絵の具・筆
- ボンド
- ろうそく
- 画びょう

❶ 大きめの平らな石の周囲にボンドで小石を貼る

❷ ボンドが乾いたら絵の具で色をつける

❸ 石の真ん中にボンドで画びょうを貼る

❹ 画びょうにろうそくをさす

広島

ステンドグラス

口田なかよし保育園

クリスマスに、切り絵を発展させてステンドグラスを作りました。切ったあとの紙を開くときの「どんな形になっているんだろう」というワクワクする気持ちも楽しさのひとつです。窓ガラスに貼ったときの美しさに、子どもたちも歓声をあげていました。黒い紙は自由に切ってもいいですし、切り紙の本を参考にすると、さらに美しく仕上がります。

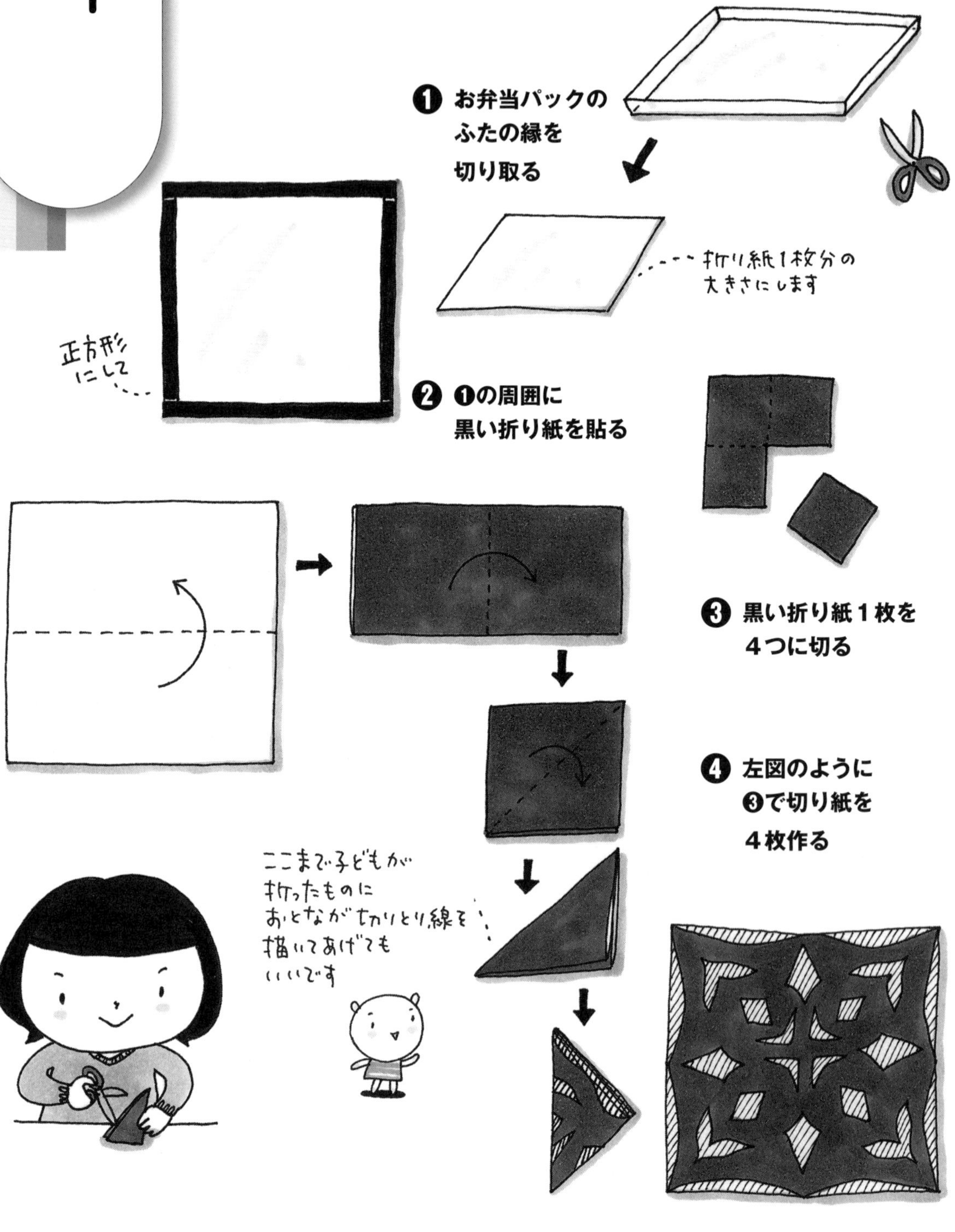

❶ お弁当パックのふたの縁を切り取る
折り紙1枚分の大きさにします
正方形にして
❷ ❶の周囲に黒い折り紙を貼る
❸ 黒い折り紙1枚を4つに切る
❹ 左図のように❸で切り紙を4枚作る
ここまで子どもが折ったものにおとなが切りとり線を描いてあげてもいいです

材料

透明なプラスチック板
（お弁当パックの
ふたなど）
黒い折り紙
（両面黒だとよい）
カラー油性ペン
ボンド（またはのり）

**❺ ❹を開き
４枚並べて
❷に貼る**

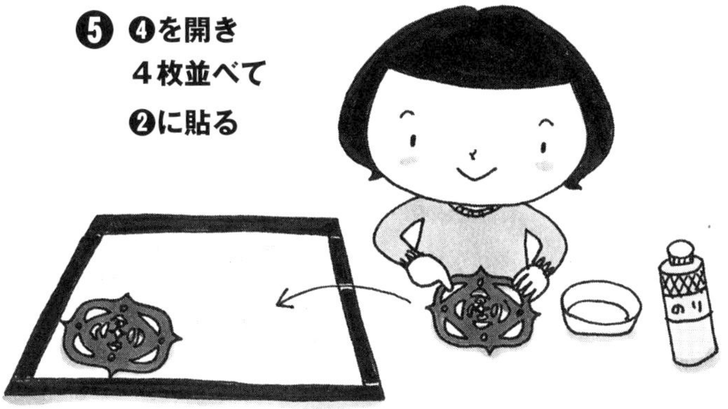

**❻ 残った
透明な部分に
油性ペンで
色を塗る**

窓など光の入る
ところにかざると
きれい☆

北海道

モエレはとポッポ保育園

そり

冬の雪山すべりのそりを作りました。10kg入りのビニールの米袋を使うと、ちょうど子ども用座布団くらいのサイズに。長めのひもをつけ、ななめがけにして持ち運び、このひもを両手に持ってすべり下ります。

中にお風呂マットを入れることで、サラサラでもベタベタでも、どんな雪質でもよくすべるすぐれものなのです。

材料

- ビニールの米袋（10kgの袋）
- 古くなったお風呂マット
- ガムテープ
- ひも

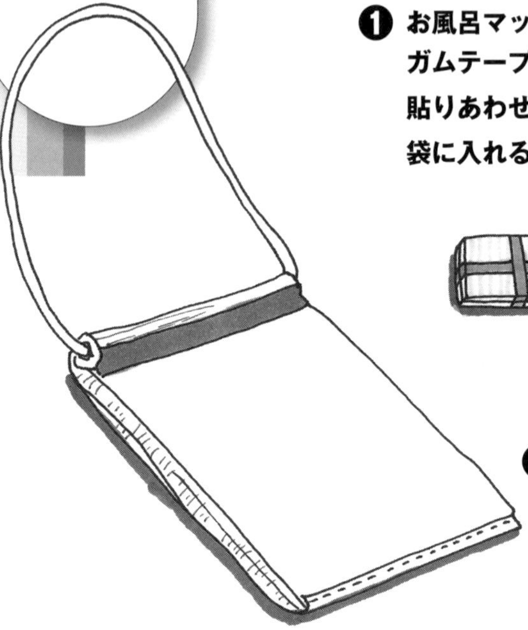

❶ **お風呂マットを２枚重ね、ガムテープで貼りあわせ袋に入れる**

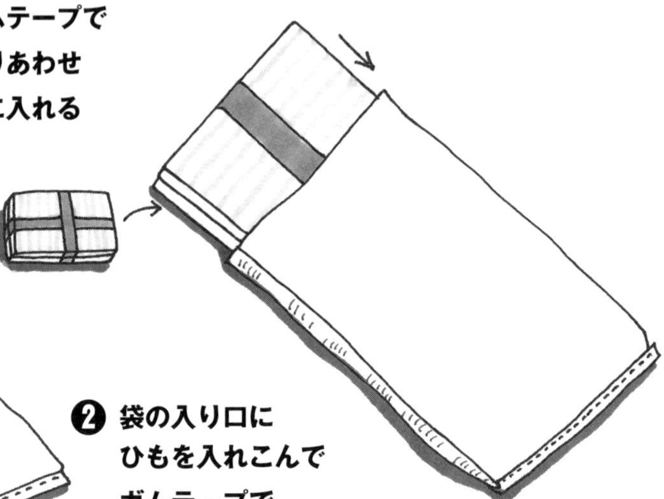

❷ **袋の入り口にひもを入れこんでガムテープでとめる**

かばんみたいに
持ち運べて
便利!!!

大阪

ひむろこだま保育園

龍のたこ

５歳児クラスで、みんなで気持ちを共有できる活動として稲作りに取りくみました。ペットボトルで育て、11 月の初めに稲刈りと脱穀。保育者と子ども１対１で作ったわらじをはいて、龍の子太郎ごっこをし、２月の生活発表会では劇にもしました。

お正月のたこにも龍の絵を描きました。よりリアルさを出したいので墨汁を使って仕上げ、龍が天に昇るように揚がり、子どもたちも満足していました。

材料

和紙
えんぴつ
墨汁・筆
竹ひご
たこ糸
のり

❶ 和紙をたこ形に切り真ん中に穴をあける

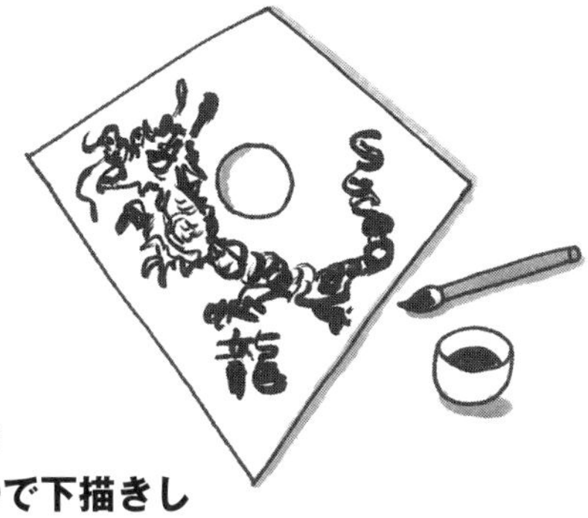

❷ 龍の絵をえんぴつで下描きし墨汁で描く

❸ ❷の裏面に竹ひごを和紙の切れはしを使ってのりで貼る

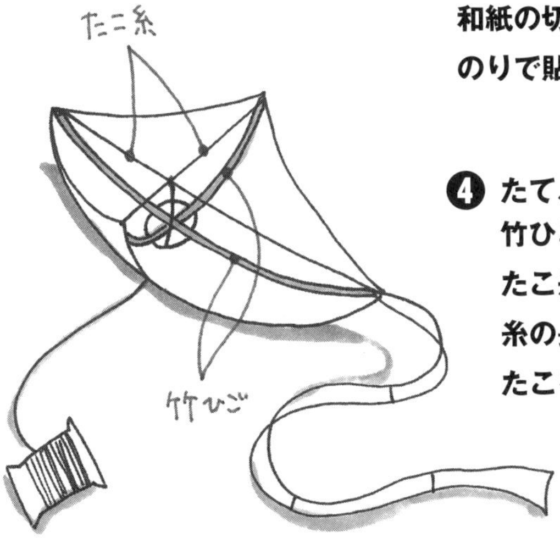

❹ たて、横の竹ひごの両端にたこ糸を結びつけ糸の長さを調節してたこをそらせる

❺ ❹のたこ糸の交点に長いたこ糸を結ぶ

❻ あまった和紙をつなげてしっぽを作り、貼る

京都

朱一保育園

おししさん

毎年1月のおもちつきの日に、全員が園庭に集まって獅子舞を見ます。大きなお獅子が舞うさまを、ドキドキしながら見入っている子どもたち。頭をかんでもらうのはやっぱりこわいけど、その日から獅子舞ごっこが大流行します。

この牛乳パックのお獅子さんはちいさいので、乳児さんもこわがらずに楽しんでいます。

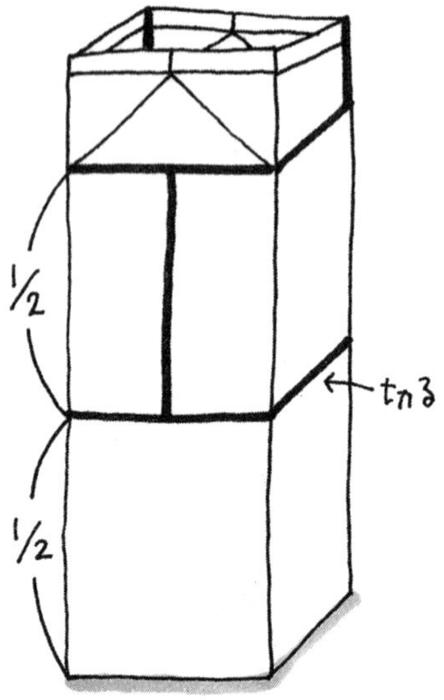
1/2
1/2
切る

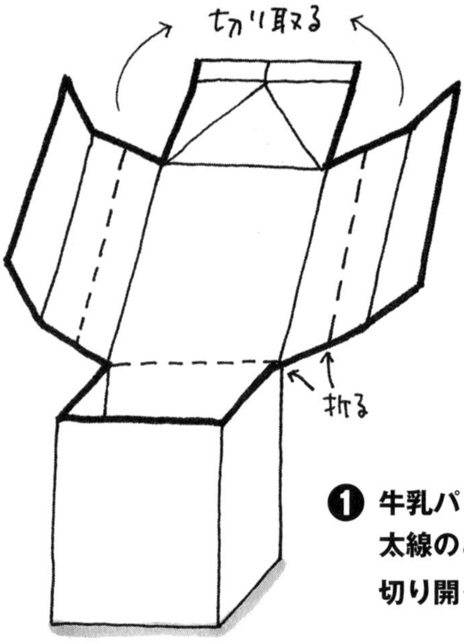
切り取る
折る

❶ 牛乳パックを太線のところで切り開く

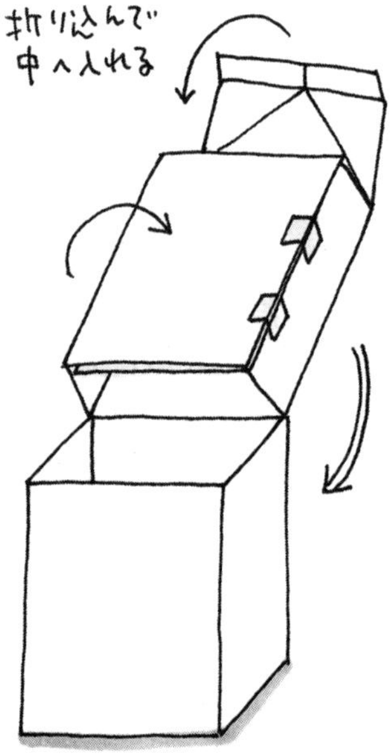
折り込んで
中へ入れる

❷ 図のように組み立てる

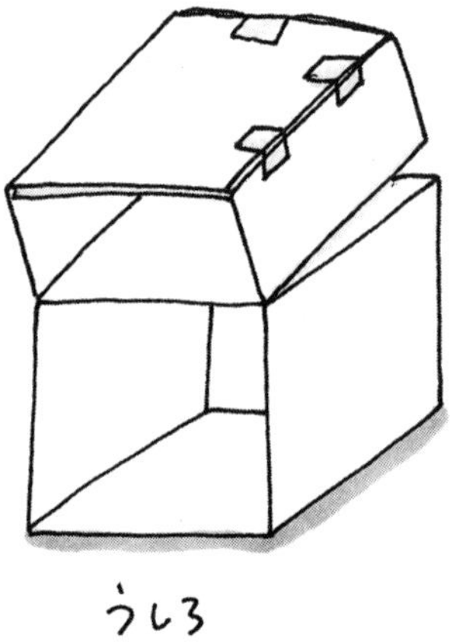
うしろ

これで形の
できあがり
ひっくり返して 前

材料

牛乳パック
（1リットル）
セロハンテープ
カラーガムテープ
シール
油性ペン
ハンカチ大の布
（またはビニール）

**❸ 表面に
カラーガムテープを貼る**

**❹ シールやペンで
顔をかく**

**❺ ハンカチ大の布や
ビニールに、絵をかく**

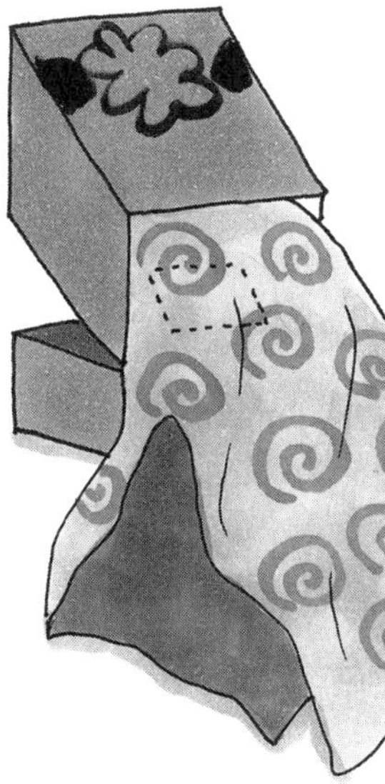

**❻ 牛乳パックの内側に
❺を貼りつける**

群馬

熊の子保育園

張り子のオニのお面

毎年、節分では年長組がオニになり、みんなをおどろかせます。ついに自分たちが年長組になり「よ～し、こわいオニを作ってやろう！」と張り切っていた子どもたちは、粘土を使ってオニの顔の形を作ったり、新聞紙をひたすら貼りつけるのも楽しそうにやっていました。型が完成して色を塗ると、それぞれ違ったこわそうなオニができあがりました。

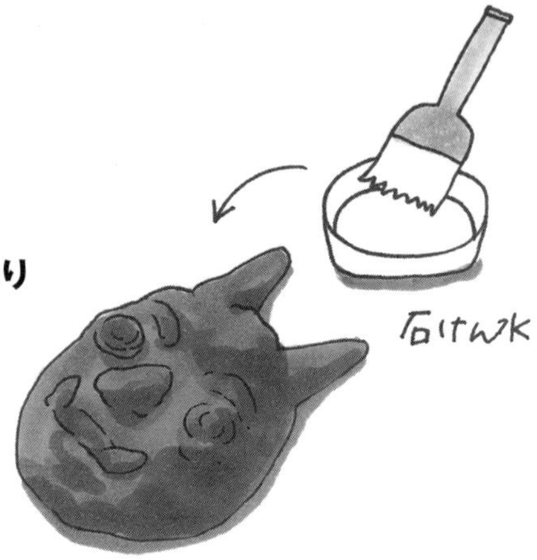
石けん水

❶ **粘土で オニの面の型を作り 石けん水を塗る**

のり
新聞紙

❷ **❶の上に、ちぎった新聞紙を お湯でのばしたのりで貼る**

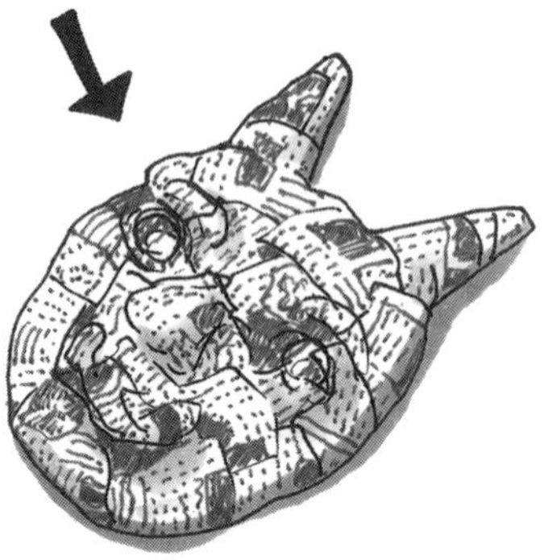

❸ **❷の上に、障子紙をちぎって ていねいに厚く貼っていく**

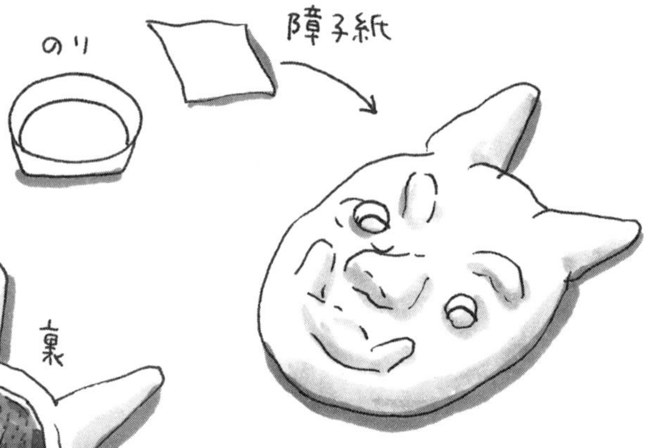
のり
障子紙

石けん水を
つけておくと
紙から はがれ
やすくなります
裏

❹ **障子紙が乾いたら 粘土の型をはずす**

材料

粘土
石けん水
新聞紙
障子紙
絵の具
ニス
輪ゴム
★目打ち

❺ 絵の具で色をつける

❻ 乾いたらニスを塗る

❼ お面の両端に穴をあけ輪ゴムをいくつかつなげたものを通す

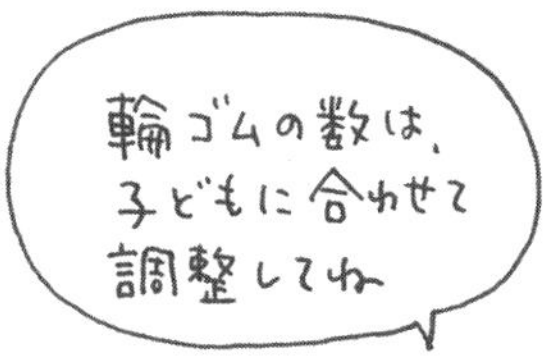
輪ゴムの数は、
子どもに合わせて
調整してね

つくってあそぼ!
園で人気の
手づくりおもちゃ

2011年8月20日／初版第1刷発行

編集
●
『ちいさいなかま』編集部

絵
●
近藤理恵

ブックデザイン
●
阿部美智(オフィスあみ)

発行
●
ちいさいなかま社
〒161-0001
東京都杉並区阿佐谷北3-36-20
TEL 03-3339-3902(代)
FAX 03-3310-2535
URL http://www.hoiku-zenhoren.org/

発売
●
ひとなる書房
〒113-0033
文京区本郷2-17-13広和レジデンス101
TEL 03-3811-1372
FAX 03-3811-1383
Email:hitonaru@alles.or.jp

印刷
●
光陽メディア

ISBN978-4-89464-163-1　C3037